コミュニケーション能力を伸ばす授業づくり

清水崇文 著

日本語教師のための
語用論的指導の手引き

スリーエーネットワーク

©2018 by SHIMIZU Takafumi

All rights reserved. No part of this publication may be reproduced, stored in a retrieval system, or transmitted in any form or by any means, electronic, mechanical, photocopying, recording, or otherwise, without the prior written permission of the Publisher.

Published by 3A Corporation.
Trusty Kojimachi Bldg., 2F, 4, Kojimachi 3-Chome, Chiyoda-ku, Tokyo 102-0083, Japan

ISBN978-4-88319-767-5 C0081

First published 2018
Printed in Japan

もくじ

はじめに ⋯⋯⋯⋯⋯⋯⋯⋯⋯⋯⋯⋯⋯⋯⋯⋯⋯⋯⋯⋯⋯⋯⋯⋯⋯⋯ 1

日本語を学ぶ目的
対面コミュニケーション
社会的・状況的文脈
語用論

第1章　言語教育実践のための枠組み ⋯⋯⋯⋯⋯ 5

コミュニカティブ・アプローチに基づく教育実践
プロフィシェンシーを重視した教育実践
Can-do に基づく教育実践

第2章　コミュニケーション能力 ⋯⋯⋯⋯⋯⋯⋯ 17

コミュニケーションには何が必要か
学習者の発話から見えてくること
コミュニケーションには何が必要か（再考）
コミュニケーション能力の構成要素
構造的知識
語用論的知識
発話行為
ポライトネス
ブラウンとレビンソンのポライトネス理論
コミュニケーションの目的
意図の伝達と相手への配慮のバランス
意図の伝達と配慮のバランスはどの言語でも同じか
配慮の示し方にもいろいろある
語用論的失敗により被る不利益

上手な学習者ほど受ける不利益は大きい

教室で語用論的指導は行われているか

語用論的指導が積極的に行われていない理由

語用論的側面の重要性の認識の欠如

語用論的指導の難しさ

既存のカリキュラムとの調和

第3章　学習者の語用論的能力 ⋯⋯⋯⋯⋯⋯⋯⋯⋯⋯49

日本語教師の疑問

語用論的失敗の原因

構造的知識の不足

母語の語用論的知識の影響

目標言語の語用論的規範に対する誤解

学習方法・使用教材の影響

学習環境の影響

語用論的知識の習得を妨げる要因

必要なインプットに接する機会の少なさ

否定証拠の欠如

語用論的に不適切なインプット

学習者の個人差

自然習得環境だけに任せることはできない

指導の効果

明示的指導と暗示的指導

気づき仮説

アウトプットも重要

教師からのフィードバック

アウトプット仮説

三つの疑問への回答

第4章　語用論的指導 ⋯⋯⋯⋯⋯⋯⋯⋯⋯⋯⋯⋯⋯91

語用論的指導のポイント

意図の伝達と相手への配慮のバランスを意識させる

学習項目の選び方

「適切さ」の指導は難しい

適切さには「正解」がない

社会的・状況的要因は多く、要因の状態も無限

語用論的知識を習得するための基盤—気づく力

気づきの機会を提供する

周りの発話行為の観察・分析

意識を高めるためのリスニング活動

社会的・状況的文脈の提示の仕方

リスニング活動の実践例

メタ語用論的情報の提示

学習者の気づきに対するフィードバック

明示的指導で気をつけること

多様な場面に対応できるようにするには

コア発話と補助ストラテジー

内的修正と外的修正

内的修正の仕方

丸暗記させることの弊害

外的修正の仕方

補助ストラテジーの組み合わせで談話が作られる

内的修正と外的修正のコンビネーション

発話行為の仕方の学習の流れ

発話行為に答えるとき

３種類の応答の比較

コミュニカティブな運用練習によるアウトプット

ロールプレイまでの段階を踏んだ積み上げ

フィードバックは適切さを中心に

語用論的指導の流れ（まとめ）

学習成果の実例

最後に一言

おわりに ……………………………………………………… 151

引用文献 ……………………………………………………… 154

索引 ………………………………………………………… 159

はじめに

日本語を学ぶ目的

外国語として日本語を学習している人たち（以降、「学習者」と呼びます）は、何のために日本語を学んでいるのでしょうか。

近年の学習者数の増加、背景の多様化に伴い、日本語を学習する目的も多様化してきたと言われています。しかし、多くの学習者にとって、日本語を学習する主要な目的は、やはり**コミュニケーション能力**[1]の獲得ではないでしょうか。特に、仕事であれ、勉学であれ、日本で生活するためであれ、現実生活で日本語を使わざるを得ない人たち、将来使おうと考えている人たちにとっては、日本語を話す人たちを相手に日本語でコミュニケーションができるようになることが学習動機の中心を占めると言っても過言ではないでしょう。

1　「伝達能力」とも呼ばれます。英語では communicative competence です。

はじめに　1

対面コミュニケーション

　言葉によるコミュニケーションは、音声言語（話し言葉）だけでなく文字言語（書き言葉）を用いても行われます。4技能のうち、「話す」、「聞く」が前者に、「書く」、「読む」が後者に当たります。コミュニケーション能力はこれらすべてに関わる能力ですが、本書では話し言葉に焦点を当てています。

　話し言葉では、お互いの声が届く範囲にいる人としかコミュニケーションをすることができません。つまり、話し言葉のコミュニケーションは、人と人が顔を向き合わせた状態で行われる**対面コミュニケーション**が基本になります[2]。

　対面コミュニケーションの特徴を一言で言うなら、ある特定の場面において即座に双方向的に行われる言葉によるコミュニケーションと言えるでしょう。もちろん言葉以外の媒体、例えば、ジェスチャーを使って行われる対面コミュニケーションもありますが、日本語教育をテーマとする本書では、言葉によるコミュニケーションだけを扱います。

2　電話で話すのは厳密には「対面」ではありませんが、対面コミュニケーションの特徴を共有しているため、対面コミュニケーションに含めて考えます。

2

社会的・状況的文脈

　現実の対面コミュニケーションには、必ず複数の当事者、話し手と聞き手[3]がいます。そして、この両者を取り巻く環境が存在しています。話し手と聞き手の関係や会話をしている状況を**社会的・状況的文脈**[4]と呼びます。対面コミュニケーションは、社会的・状況的文脈なしには成り立たないのです。

　私たちは、会話の相手がよく知っている人か、知らない人かによって、また目上か目下かによって、話す内容を変えたり、言い方を変えたりします。また、同じ相手（例えば会社の同僚）であっても、会議と飲み会とでは話し方を変えるという人も多いでしょう。

　このように、話し手と聞き手の関係や会話をしている状況（社会的・状況的文脈）は、コミュニケーションの内容（伝達される意味や伝達の仕方）に影響を与えるのです。

3　実は、「話し手」、「聞き手」というのはそれほど明確に区別できるものではありません。実際のコミュニケーションでは、当事者の会話上の役割は複雑に入れ替わり、また同時発話のように両当事者が同時に「話し手」であり「聞き手」であるということもあるからです。

4　「文脈」という用語は、発話や文章の流れの中にある意味内容のつながり具合を指すこともあります。これは言語形式になっている文脈なので**言語的文脈**と呼ばれます（加藤, 2004）。本書で問題にする社会的・状況的文脈は、話し手と聞き手の社会的関係や会話をしている状況などの、発話（言語形式）の外の文脈です。

語用論

　対面コミュニケーションは社会的・状況的文脈なしには成り立ちません。そして、社会的・状況的文脈はコミュニケーションの内容に影響を及ぼします。

　そうであるなら、私たち日本語教師が学習者の獲得すべきコミュニケーション能力を考える際にも、社会的・状況的文脈と意味の関係という視点を欠くことはできないでしょう。

　文脈と意味の関係を研究する言語学の分野を、**語用論**と言います。対面コミュニケーションにおいて、話し手が意図する意味がどのようにして聞き手に伝わるのか、聞き手は話し手の意図する意味をどのように解釈するのかといったことも、この分野の研究対象になります。

　対面コミュニケーションについて考える上では、語用論の視点が欠かせません。本書では、学習者の日本語のコミュニケーション能力を伸ばすために日本語教師はどのようなことができるのか、何をすべきなのかについて、語用論の分野の研究成果に基づいた提案をしたいと思います。

第**1**章
言語教育実践のための枠組み

コミュニカティブ・アプローチに基づく教育実践

「はじめに」で、学習者が日本語を学習する主要な目的は「コミュニケーション能力の獲得」だと述べました。これに応える教育実践の枠組みとして発展してきたのが**コミュニカティブ・アプローチ**です。

コミュニカティブ・アプローチの基底には、「言語は意味を伝達するための体系であり、コミュニケーションのための手段である」という言語観があります。こうした言語観に基づいて、言語教育とは、言語を用いて自分の意味するところを相手に理解させ、相手の意味するところを理解する能力、つまり「コミュニケーション能力」の養成を目的とするものでなければならないという考え方が出てきます。

コミュニカティブ・アプローチが日本語教育の世界で脚光を浴び始めたのは1990年代前半[5]のことですから、もうかれこれ四半世紀が過ぎようとしています。

現在では、「コミュニカティブ・アプローチに基づいて日本語を教えている」という日本語教師が大半ではないか

---

5 日本語教育学会の学会誌『日本語教育』で「コミュニカティブ・アプローチをめぐって」という特集が組まれたのが1991年3月発行の73号、『月刊日本語』で「日本語の『教え方』最前線—コミュニカティブ・アプローチ大研究」という特集が組まれたのが1993年12月号でした。

と思います。しかし、そうした授業（特に初級レベルの授業）の中には、**構造シラバス**[6]に則して作られた教科書を使って導入した文型や文法を使わせる目的で「コミュニカティブな練習」をしているだけといったものも多いのではないでしょうか。

　「コミュニカティブな練習」の特徴として、**インフォメーション・ギャップ**（情報の格差）を埋める目的で会話が行われることと、発話に学習者自身の意思が反映されていることが挙げられます。こうした特徴は、**オーディオリンガル・メソッド**[7]で行われていた機械的ドリルと比べたら、はるかにコミュニケーションの特徴を備えた、その意味でコミュニカティブな活動だと言えるでしょう。

　しかし、その課で教えた文型や文法、語彙などを使わせるために「コミュニカティブな練習」をしているのであれば、「文法を教えることが最優先」という構造重視の考え方から離れることができていないことに変わりありません。つまり、コミュニカティブであることが「目的」ではなく、

---

6 文法項目、文型、語彙など言語構造に基づいて構成されたシラバスを言います。

7 行動主義心理学と構造主義言語学を理論的基盤とした会話能力養成を重視した外国語教授法です。ミムメム（模倣記憶）練習やパターンプラクティスなどの機械的ドリルを行うのが特徴です。

言語構造を教える「手段」となってしまっているということです。

「言語は意味を伝達するための体系であり、コミュニケーションのための手段である」というコミュニカティブ・アプローチの言語観に立つならば、教室活動は「文法を教えることが最優先」（構造重視）ではなく、「意味の伝達の仕方を教えることが最優先」（機能重視）であるべきです。誤解しないでいただきたいのは、これは「意味さえ通じれば文法的な正確さなんかどうでもいい」ということとはまったく違うということです。言葉（構造）を学ぶために学ぶのではなく、意味の伝達の仕方（機能）を学ぶ活動の一環として構造も学ぶということなのです。

コミュニカティブ・アプローチに基づく教室実践によく見られるもう一つの問題点は、「意味を伝達する」ことを重視するあまり、対人関係調整という動機に基づく言語形式の選択が形骸化してしまっていることです。その結果、中上級レベルになっても、誰に対しても同じ言い方で依頼をしたり、意見を言ったりする学習者を見かけます。

先ほど、コミュニカティブ・アプローチでは「意味の伝達の仕方を教えることが最優先」だと述べましたが、日本語で自分が意図する意味（自分の考え、意向、感情、知識、情報など）を正確かつ確実に伝える方法を学ぶことだけが、

「意味の伝達の仕方」を学ぶことではありません。コミュニケーションには相手がいるわけですから、その相手との関係に悪い影響を与えないように意味を伝える方法を学ぶことも「意味の伝達の仕方」に含まれます。

　詳しくは後ほど述べますが、これは**適切さ**に関わる問題です。コミュニケーションを首尾よく遂行するためには、言語形式（構造）の正確さ、伝達内容（意味）の正確さという二つの正確さに加えて、適切さも大切なのです。「意味さえ通じれば言葉の適切さなんかどうでもいい」というわけにはいかないのがコミュニケーションなのです。

プロフィシェンシーを重視した教育実践

　「言語教育の第一の目的は、言葉（構造）を教えることではない」という考え方には、コミュニカティブ・アプローチの他にも、近年注目を浴びている「プロフィシェンシーを重視した教育実践」や「Can-do に基づく教育実践」があります。

　プロフィシェンシーを重視した教育実践というのは、ACTFL（American Council on the Teaching of Foreign Languages：米国外国語教育協会）が認定する OPI（Oral Proficiency Interview）の四つの評価基準、「総合的タスク／機能」、「場面と話題」、「正確さ」、「テキストの型」に基づ

いて判定される**プロフィシェンシー**[8]の育成を目的とする教育実践のことです。

ACTFL-OPIでは、「正確さ」は四つの基準のうちの一つでしかありません。そして、この「正確さ」の基準は、さらに「発音」、「語彙」、「文法」、「語用論的能力」、「社会言語学的能力」、「流暢さ」の六つの構成要素に分けられます。つまり、構造（発音、語彙、文法）の正確さはプロフィシェンシーを構成するほんの一要素でしかないと考えられているわけです。

では、プロフィシェンシーの核は何かというと、タスク遂行能力です。「はじめに言葉（文法や語彙など）があるのではなく、（中略）タスクを遂行するために言葉があるという考え方」（山内, 2005:14）がACTFL-OPIの基本的な考え方です。このように、現実場面で日本語を使ってタスクを遂行できるようになるために言葉（構造）を学ぶという考え方は、コミュニカティブ・アプローチに通じるものがあります。

ACTFL-OPIでは、タスクのことを「総合的タスク」と

---

8 「プロフィシェンシー」という用語にはまだ確立された学術的な定義はないようですが（坂本, 2009）、ACTFL-OPIでは「現実生活における機能的言語能力」（鎌田, 2009:9）と捉えています。

呼んでいます。教室活動のためのタスクではなく、「日本語を使ってどのように言語生活ができるのか」（嶋田, 2013: 11）という広範な観点からタスクを捉えているからです。プロフィシェンシーを重視した教育実践は、「起こりうる場面・状況でいかに効果的に、適切に言語を使うことができるかという観点から言語運用能力を伸ばしていくこと」（嶋田, 2013: 11）を目指した教育実践だと言えます。

　このように、プロフィシェンシーを重視した教育実践では、「効果的に」言語を使うだけでなく、「適切に」言語を使うことができるようになることも意識されています。しかし、そうした実践の基盤になるACTFL-OPIのマニュアルには、「適切さ」に関する明確な基準が示されていないという問題があります。

　後述するように、本来、対人関係調整に関わる「適切さ」は、「語用論的能力」や「社会言語学的能力」に含まれるものです。しかし、ACTFL-OPIの「正確さ」の評価基準の構成要素である「語用論的能力」と「社会言語学的能力」には、こうした「適切さ」の観点が欠けているのです[9]。そのため、嶋田（2013）が提案するような教育実践を行うには、ACTFL-OPIのマニュアルの判定基準以外のところ

9　この点に関する詳察は、清水（2015）をお読みください。

に、「適切に日本語を使う」ための指導方針やシラバスを策定するための基盤を求める必要があると思われます。

Can-doに基づく教育実践

「言語を使って何ができるか」という観点から言語能力を捉えたものには、ACTFL-OPIの他にも、国際交流基金がまとめた**JF日本語教育スタンダード**があります。これは、ヨーロッパの言語教育において共有される枠組みである**CEFR**（Common European Framework of Reference for Languages: Learning, teaching, assessment）の考えに基づいて開発された基準で、日本語の習熟度が「〜できる」という文の形式で示されています。

課題遂行能力を「〜できる」という文で記述した指標は**Can-do**と呼ばれており、CEFRと同じA1〜C2の六つのレベルに分けられています。Can-doには、CEFRが提供する例示的能力記述文をそのまま利用したCEFR Can-doと、日本語の使用場面を想定して国際交流基金が作成したJF Can-doがあり、これらを学習目標とすることで実際のコミュニケーションを目指した学習を設計することができるとされています。

JF日本語教育スタンダードでは、コミュニケーション言語活動をコミュニケーション言語能力が支えていると考

えます。そして、コミュニケーション言語能力は、「言語構造的能力」、「社会言語能力」、「語用能力」[10] から成るとしています。

このうち、「社会言語能力」は「相手や場面に応じて言葉を使い分ける能力」とされているので、JF日本語教育スタンダードでも、コミュニケーションにおける「適切さ」の重要性は意識されているようです[11]。

ところが、肝心のCan-doには、対人関係調整を考慮した「適切さ」に関する叙述がほとんど見当たりません。CEFRのCan-do記述の分析をした塩澤他 (2010) の「Can-doのレベル別特徴一覧」を見てみると、「適切さ」がCan-doの記述に出てくるのは最上のレベルであるC2になってからです。

---

10 これらは国際交流基金の用語で、本書でいう「構造的知識」、「社会言語学的知識」、「語用論的知識」に当たるものです。ただし、名称が類似した概念が、JF日本語教育スタンダードやACTFL-OPIと本書で、完全に同じものを指すとは限らないことにご注意ください。

11 ちなみに、「語用能力」のほうは発言権、話題の展開、一貫性と結束性、流暢さ、叙述の正確さなどに関する能力とされ、ACTFL-OPIの「語用論的能力」と同様に、本来の語用論的能力とは異なるものが想定されているようです。

第1章　言語教育実践のための枠組み　13

以下、塩澤他（2010）の「Can-doのレベル別特徴一覧」
から、B1以上の「やりとり」の叙述をすべて挙げます。

C2	慣用的表現・口語的表現をかなり使いこなすことができる 母語話者と比べても引けをとらず会話に参加できる 適切に自由に会話ができる 的確に、細かいニュアンスを伝えることができる	
C1	[自分が述べたいことを]はっきりと正確に表現できる らくらくと流暢に、自然に 感情を交えて効果的に言葉を使う 間接的な表現を使って	
B2	相手の反応や意見、推論に対応することができる 長い会話に参加できる 関連説明、論拠、コメントを述べ、自分の意見を説明したり、維持したりできる 正確に自分の考えや意見を表現できる 自分の意見や考えを正確に表現できる 説得力のある言葉遣いができる	〈B2.1〉 〈B2.1〉 〈B2.2〉 〈B2.2〉
B1	自分が重要だと思う点を相手に理解させることができる 情報や意見を伝えることができる 自分の信念、意見、賛成、反対を表現することができる 簡単に理由を挙げて説明することができる [情報を]確認しながら、交換や報告ができる 自分の意見を表明することができる	〈B1.1〉 〈B1.1〉 〈B1.2〉 〈B1.2〉

（塩澤他, 2010: 32-33より引用）

B1とB2は「自立した言語使用者（Independent User）」と呼ばれ、B1はいわゆる中級、B2は中上級にほぼ相当すると考えられます。しかし、このレベルでは、情報（信念、意見、考えなど）を正確に伝達できることのみに焦点が当てられており、適切さに関する指標がまったく見られません。

　C1とC2は「熟達した言語使用者（Proficient User）」と呼ばれ、C1はいわゆる上級、C2は超級レベルにほぼ相応するものと考えられます。しかし、C1では「間接的な表現を使って」が初めて出てくるものの、全体としては自分の言いたいことを「正確に」、「流暢に」、「自然に」、「効果的に」表現できることが重視されています。C2になってやっと「適切に」会話ができることが指標となっているのです。

　このようなCan-doを無批判に信じて授業を組み立てると、B2レベルまでは情報の伝達を「正確に」、「流暢に」、「自然に」、「効果的に」できるようになることだけを目標にした授業になってしまう可能性があります。しかし、国際交流基金が唱える「言葉を通した相互理解を可能にする日本語の課題遂行能力」を育てるためには、そして、先ほどプロフィシェンシーを重視した教育実践のところでも述べた「起こりうる場面・状況でいかに効果的に、適切に言語を使うことができるかという観点から言語運用能力を伸ばし

ていく」（嶋田, 2013: 11）ためには、もっと早い段階から日本語を適切に使えるようになるための授業を実践する必要があるはずです。

　さらにもう一言加えるならば、CEFR は教えるためのマニュアルではありません。JF 日本語教育スタンダードのパンフレットには、「Can-do を学習目標とすることで実際のコミュニケーションを目指した学習を設計することができます」（国際交流基金, 2016: 4）と書かれていますが、具体的な授業実践の手本を示しているわけではありません。したがって、Can-do に基づく教育実践を行う場合でも、プロフィシェンシーを重視する教育実践の場合と同様、「適切に日本語を使う」ための指導方針やシラバス策定のための基盤を教師自身が考える必要があります。

第2章
コミュニケーション能力

前章では、コミュニカティブ・アプローチ、プロフィシェンシー、Can-doという、コミュニケーション能力を養成する言語教育実践のための三つの枠組みと、そうした枠組みに基づいた教育実践の課題について見てきました。三つの教育実践の課題に共通することは、言語コミュニケーションにおける「適切さ」の側面が軽視されがちであるということでした。しかし、それではコミュニケーション能力の獲得に十分ではありません。本章では、コミュニケーション能力の養成を目指した言語教育実践において、なぜ「適切さ」の側面をないがしろにしてはいけないのかを考えます。

コミュニケーションには何が必要か

　そのために、まずは基本に立ち返って、「日本語で上手にコミュニケーションができるようになるために、学習者は何を学ばなければならないのか」について考えてみたいと思います。実は、この質問は日本語教師の研修会で私がいつも最初にする質問なのですが、まず初めに返ってくるのは、やはり「発音」、「語彙」、「文法」といった答えです。

　もちろん、これらはすべて正解です。そもそも言語とは音声ですから、日本語の音声が聞き取れなくては話し言葉でのコミュニケーションは成り立ちません。また、音が聞

き取れても、音のまとまり（つまり単語）が表す意味がわからなければ、相手が何を言っているのか理解することはできません。仮に単語をたくさん知っていたとしても、それらをつなげて文法的に正しい文が作れなければ、効果的に意思の疎通を図るのは困難でしょう。このように、発音、語彙、文法の知識は日本語を使ってコミュニケーションをするために必要不可欠です。

学習者の発話から見えてくること

しかし、発音、語彙、文法の知識が豊富にあれば対面コミュニケーションはうまくいくのかというと、そうとは言い切れないのです。次の例を見てください。

「今日クラスで飲み会をしますけど、先生も行きたいですか。」

第2章　コミュニケーション能力　19

もしあなたが、自分が教えている学習者からこう言われたら、どんな気持ちがするでしょうか。素直に喜んで誘いに応じる気持ちになれますか。なんとなく嫌な気持ちにはならないでしょうか。この学習者は教師（あなた）に飲み会に来てもらいたいと心から思って誘ってくれているはずですが、残念ながらこの言い方ではその気持ちが伝わらないでしょう。それどころか、あなたはこの学習者に対して「失礼な学生だ」という印象を持ってしまうかもしれません。

　では、この言い方のどこが問題なのでしょうか。そうです。「行きたいですか」という疑問文の部分ですよね。日本語では、会話の相手である目上の人の願望や欲求を言語化することははばかられるため、「行きたいですか」と相手の願望・欲求の有無をあからさまに尋ねる質問では失礼な誘い方になってしまうわけです。

　では、次の例はどうでしょうか。

「先生、昨日の宿題ください。」

　前日欠席した学生が、授業開始前に教壇のところまでやってきて教師（あなた）に一言こう言いました。さて、あなたはどんな気持ちになるでしょうか。この場合も、あまりいい気持ちはしないのではないでしょうか。

「ください」を「いただけませんか」のような相手に判断を委ねる表現に変えれば、押し付けの強さが減ってより丁寧にはなりますが、目上の人から何かをもらうときに「（もの）をください」という表現を使うことは間違いとは言えません。つまり、先ほどの例とは違って、依頼の表現自体が問題なわけではないのです。

　では、何が教師（あなた）を不快な気持ちにさせたのでしょうか。もしこの学習者が「昨日の宿題ください」と言う前に一言「昨日はクラスを休んですみませんでした」と謝罪の言葉を述べていたら、教師（あなた）の気持ちはずいぶん違っていたと思いませんか。そうなんです。宿題をもらっていない原因が自分にあるにもかかわらず、悪びれることなく、依頼だけをしていることが教師（あなた）の気持ちを逆撫でしたのです。

　さて、ここで挙げた二つの発話例に共通していることは何でしょう。それは、どちらの例でも話しているのは「構造的に正しい文」だということです。「語彙」も「文法」も（きちんと聞き取れるように話せば、「発音」も）間違っていないのですから。

　しかし、どちらの場合も、相手（あなた）を嫌な気持ちにしたのであれば、決してコミュニケーションがうまくいったとは言えないでしょう。さらに、もし相手（あなた）が

腹立たしく感じて、飲み会の誘いを断ったり、宿題を渡さなかったりしたとしたら、話し手にとって本来の目的（この場合は、【誘い】や【依頼】）自体が達成できなかった、つまり、コミュニケーションが完全に失敗したことになってしまいます。

コミュニケーションには何が必要か（再考）

「構造的に正しい文」を発話するだけでは言いたいことがうまく伝わるとは限らないということは、コミュニケーションには「発音」、「語彙」、「文法」以外に必要なものがあるということです。それは何かというと、そうした「言語形式的に正しい文」の中から自分の発話意図を的確に伝えられるものを選んで、会話の場面や相手との関係にふさわしい話し方で話すことです。これが「適切さ」です。

学生が教師を飲み会に誘うときには、「行きたいですか」という表現はふさわしくないですし、宿題をもらっていない原因が自分にある状況で宿題をもらおうとするときには、依頼だけをするのはふさわしくありません。こうした言い方は、適切ではないために、聞き手は不快な気持ちになるのです。

発音、語彙、文法は、言語の構造に関わる要素です。つまり、これらに関する知識は、言語の「構造」の知識です。

構造の知識は、日本語を正確に使うために不可欠な知識です。一方の日本語を適切に使うための知識は、言語の「運用」に関する知識だと言えます。運用の知識とは、わかりやすい言い方をすれば、コミュニケーションを成功させるために「いつ」、「どこで」、「何を」、「誰に対して」、「どのように」話せばよいかについて知っていることです。

a) 構造の知識：発音、語彙、文法などの知識
b) 運用の知識：「いつ」、「どこで」、「何を」、「誰に対して」、「どのように」話せばよいかについての知識

「構造の知識」と「運用の知識」は、いわばコミュニケーション能力という車の両輪です。どちらかがパンクしていたら車はまっすぐ走れません。場合によっては止まってしまうこともあるでしょう。つまり、コミュニケーションが頓挫してしまうということです。

19～20ページの日本語学習者の発話例を思い出してください。どちらも文法や語彙は間違っていませんでした。つまり、これらの発話をした学習者の構造の知識には問題がありませんでした。しかし、運用の知識が足りなかったために、場面や相手にそぐわない不適切な言い方になってしまっていたのです。

コミュニケーション能力の構成要素

　コミュニケーション能力には「構造の知識」と「運用の知識」の両方が含まれることは、ご理解いただけたのではないかと思います。

　このことを理論的なモデルで明確に提示したのが言語テスティングの研究者であるバックマンとパーマー（Bachman, 1990; Bachman & Palmer, 1996）です。彼らは、コミュニケーション能力[12]の一要素である**言語知識**は、**構造的知識**と**語用論的知識**によって構成されるとしています（次ページの図を参照）。この構造的知識が「構造の知識」に、そして語用論的知識が「運用の知識」に相当するものです。次ページの図を見ると、バックマンとパーマーも、「構造の知識」と「運用の知識」をコミュニケーションの両輪と捉えていることがはっきりとわかります。

---

12 Bachman（1990）では「コミュニケーション言語能力（communicative language ability）」、Bachman & Palmer（1996）では「言語能力（language ability）」という用語が使われています。

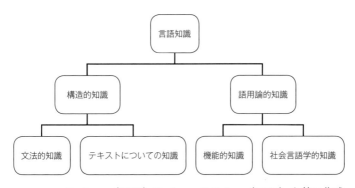

Bachman (1990), Bachman & Palmer (1996) を基に作成

構造的知識

上の図を、もう少し詳しく見てみましょう。

構造的知識、語用論的知識ともに、さらに二つの下位領域に分けられています。構造的知識のほうは、**文法的知識**と**テキストについての知識**に分けられます。

文法的知識とは、個々の文の構造、すなわち音韻、語彙、統語、書記体系の知識のことです。これまでに何度か出てきた「発音」、「語彙」、「文法」に関する知識はすべてここに含まれるわけです。

文法的知識は、一つの文の中の構造に関する知識であるのに対して、テキストについての知識は、複数の文を組織

化して文のまとまり[13]を構成するための知識で、**結束性**[14]や**一貫性**[15]などに関する知識を含みます。次の例を見てください。

「僕は六本木のカフェへ行った。ユミは六本木のカフェで僕と会った。僕はユミと映画を見に行った。」

　上の発話はある一連の出来事を描写したもので、三つの文からできています。それぞれの文を見てみてください。どれも文法的にはまったく問題はありませんよね。それなのに、三つの文を続けて読むと、どこか不自然な感じがしませんか。

　では、次の例はどうでしょうか。

---

13 文のまとまりとは、話し言葉では**談話**、書き言葉では**文章**のことです。

14 「文法的・語彙的な関連づけによって成立するテクスト内の意味的なまとまり」（貫井, 2008:167）のことで、結束性をもたらす方法には、指示、代用、省略、接続関係などがあります。

15 「言語的内容から得られる情報とテクストの解釈者の常識的な想定や予想が結びつく作用によって生まれる解釈的意味」（高木, 2008:265）を指します。簡単に言えば、文と文の間の意味的な整合性のことです。

「僕は六本木のカフェへ行った。（僕は）そこでユミと会った。それから、（僕は）ユミと映画を見に行った。」

　これなら、不自然な感じはしませんね。では、先ほどの例との違いはどこにあるのでしょう。

　1文目はどちらもまったく同じです。違いは2番目と3番目の文にあります。最初の例では、2番目の文の主語が「僕」から「ユミ」に変わっていますが、後の例では主語は言及されていません。この文の主語は、（　）内に示されているように一番目の文と同じく「僕」です。このように主語を同一人物にすると視点が維持され自然になります。そして、主語が同じである場合には、2度目以降に出てきた主語は省略するのが普通です。見方を変えると、**省略**によって主語が前の文と同じであることを示しているということになります。

　また、「六本木のカフェ」も繰り返す必要はなく、代名詞「そこ」によって同じ場所であることを示すことができます。これが**指示**です。3番目の文では、主語の省略に加えて、接続詞「それから」を文頭に挿入することによって、2番目の文が表す出来事（「会った」）と3番目の文が表す出来事（「映画を見に行った」）がこの順序で続いて起こったことがより明確になります。

第2章　コミュニケーション能力　27

上の二つの例の違いが示すように、文法的知識があるだけでは、複数の文を組織化して談話を作ることはできません。対面コミュニケーションを円滑に行うためには、発音、語彙、文法の知識を駆使して正確な文を作り出せるだけでなく、そうした文をテキストについての知識に基づいて談話としてまとめられる力が必要なわけです。

語用論的知識

　一方の語用論的知識は、**機能的知識**と**社会言語学的知識**に分けられます。機能的知識は、発話や文とコミュニケーション上の目的との関係に関する知識です。社会言語学的知識は、特定の状況に適切な発話を産出したり、解釈したりすることを可能にする知識のことです。機能的知識があれば発話によって意図する機能を遂行することができ、社会言語学的知識があれば社会的・状況的文脈に適切な発話を行うことができます。

　両者の違いを、英語の Can you ～? という疑問文を使って説明しましょう。Can you ～? という疑問文の文字通りの意味は「～する能力があるか」という能力の有無に関する質問です。しかし、英語の母語話者は、この疑問文を慣習的に【依頼】として使います。この慣習に関する知識があれば、"Can you write a recommendation letter?" という

発話が「推薦状を書く能力を持っているか」という単なる【質問】ではなく、「推薦状を書いてほしい」という【依頼】であることがわかります。これがわかるということは、英語のCan you～?という言語形式とコミュニケーション上の目的（ここでは【依頼】）との関係に関する知識、つまり機能的知識を持っていることを意味するわけです。

　一方、Can you～?という疑問文で依頼をすることができることは知っていても、先生に推薦状を依頼するときには "Can you write a recommendation letter?" という言い方は不適切だから使わないという人もいます。英語の母語話者のほとんどがそうでしょう。こういう人は、言語形式と社会的・状況的文脈（「いつ」、「どこで」、「誰に対して」など）の関係の知識も持っていることになります。これが社会言語学的知識です。"Can you write a recommendation letter?" という表現を先生に依頼するときにも使ってしまう人は、英語のCan you～?について機能的知識はあるけれども、社会言語学的知識は欠けていることになるわけです。

発話行為

ところで、Can you～?を使って【依頼】をするというように、私たちは言葉を使って特定の行為を行っています。このように発話によってある行為を遂行することを、専門的には**発話行為**と言います。

この概念の提唱者である言語哲学者のオースチンは、「何かを言うことは何かをすることである」（Austin, 1962: 94）と述べているのですが、【依頼】だけでなく、「ごめんなさい」と言って【謝罪】をする、「ありがとう」と言って【感謝】をする、「お手伝いしましょうか」と言って【申し出】をする、「いい考えですね」と言って【同意】をするなど、話し手の意図が言語によって実現されることはすべて発話行為です。このように考えると、機能的知識とは、ある言語で発話行為を行うために必要な知識だと言うこともできます。

ポライトネス

先ほど、英語母語話者は社会言語学的知識に基づいて"Can you write a recommendation letter?"という言い方は先生に対しては不適切だと判断して使わないと述べました。では、"Can you write a recommendation letter?"という言い方はどうして不適切なのでしょうか。

その理由は、Can you～?という言語形式は、目上である先生にそれなりの負担を与えるような依頼[16]をするときに使う表現としては十分に丁寧ではなく、そのため相手（先生）を不快にさせてしまう可能性があるからです。このことは、目上である先生にそれなりの負担を強いるような依頼をするときには、そうした依頼を受ける先生の気持ちに対して言葉によって配慮を示す必要があることを意味します。

　言葉によって聞き手への配慮を示すことは、コミュニケーションを通して円滑な対人関係を構築・維持するために欠かせません。こうした言語行動は**ポライトネス**と呼ばれ、語用論の分野で研究が行われています。ポライトネスに関する最も影響力のある理論は、ブラウンとレビンソンが提唱した理論（Brown & Levinson, 1987）です。

ブラウンとレビンソンのポライトネス理論

　ブラウンとレビンソンは、私たちが誰かに何かを言うとき（つまり、発話行為をするとき）には相手や自分の**フェ**

---

16 推薦状を書くことは、広く見れば教師の「職務範囲」に含まれるでしょうが、授業の準備をする、採点をするといった本来の職務行為とは異なります。また、それなりの時間的、労力的な負担を強いられる行為でもあります。

第2章　コミュニケーション能力　31

イスを侵害する可能性があると考えました。フェイスとは、対人関係上の願望、つまり他人と接したときに自分をどう取り扱ってほしいかということで、他人に干渉されたくない、距離を置きたいという願望である**ネガティブ・フェイス**と、他人から承認されたい、距離を縮めたいという願望である**ポジティブ・フェイス**の二つがあります。皆さんも、周りの人たちに認められたい、好かれたい、仲良くしてもらいたい、でも、自分のすることにあれこれ口を挟まれたくない、自由で独立した存在でいたいと思いますよね。これがフェイスです。

ブラウンとレビンソンによると、こうした願望（フェイス）が他人から何かを言われること（発話行為）によって脅かされ、言われた人が嫌な気持ちになってしまうのを軽減するために行われる言語行動がポライトネスです。例えば、依頼を引き受けた人は将来の自分の行動の自由が制限されてしまうため、依頼をすることは相手のネガティブ・フェイスを脅かします。また、不満を言われたり、提案を断られたりすることは、自分の考えや行動が好ましいと思われていないことを意味するため、不満の伝達や断りはポジティブ・フェイスを脅かすと考えられるのです。

　そのため、発話行為を行うときには、相手の気持ちに配慮していることを言葉で示さなければならないのですが、その際にどのような方法で配慮を示すかは、相手のフェイスがどの程度脅かされるかによって変わってきます。そして、この相手のフェイスを脅かす度合いに影響するものが「発話の社会的・状況的文脈」だとするのが、ブラウンとレビンソンのポライトネス理論です。

　発話の社会的・状況的文脈とは、会話の当事者（話し手と聞き手）の上下関係や親疎関係、発話行為が相手に感じさせる心理的負担の大きさなどを指します。例えば、100円貸してほしいときと1万円貸してほしいときでは、依頼の仕方は変わるでしょう。これは、依頼をされた相手にとっ

第2章　コミュニケーション能力　33

て、100円貸すのと1万円貸すのとでは感じる心理的負担の大きさが違うからです。一方、借りる金額は同じ100円だとしても、親しい友達に借りるときとあまり付き合いのない目上の人に借りるときでは、やはり依頼の仕方は同じではないと思います。これは、話し手と聞き手の親疎関係や上下関係が違うからです。"Can you write a recommendation letter?"という言い方で先生に推薦状を依頼するのが不適切なのに、カフェテリアで友達に塩を取ってもらうためなら"Can you pass me the salt?"と問題なく言えるのも、この二つの場面では社会的・状況的文脈が異なるためなのです。

コミュニケーションの目的

　ここまで、コミュニケーションに必要な知識は、言語の構造に関する知識と言語の運用に関する知識だという話をしました。そして、言語の運用に関する知識である語用論的知識は、言語形式と伝達意図との対応関係に関する知識である機能的知識と、発話と発話の社会的・状況的文脈との対応関係についての知識である社会言語学的知識とから成り立っていることもわかりました。コミュニケーションに必要な能力についてのこのような説明の仕方は、コミュニケーションが果たす目的の観点から考えても納得してもらえるのではないかと思います。

ブラウンとユールは、コミュニケーションには、**取引**（transaction）と**相互作用**（interaction）という二つの目的があると指摘しています（Brown & Yule, 1983）。取引というのは、情報の取引、つまり**情報伝達**のことです。ここでいう情報とは、何かの事実に関する客観的な情報だけでなく、私たちの意図や思考、感情などの主観的な情報も含まれます。言葉によって依頼や断りなどの意図を伝えること（発話行為）は、情報伝達を行うことに他なりません。言語形式と伝達意図の対応関係の知識（機能的知識）は情報伝達に欠かせないものなのです。

　一方、相互作用というのは、話し手と聞き手の間で生じるお互いへの影響のことで、わかりやすく言うと、相手との良好な社会的関係を構築したり、維持したり、消滅させたりすること、つまり**対人関係調整**のことを指しています。言葉によって相手の気持ちに対する配慮を示すこと（ポライトネス）は、良好な関係を構築したり維持したりするための一手段です。発話と発話の社会的・状況的文脈の対応関係の知識（社会言語学的知識）がこうした柔軟な言葉の選択を支えているのです。

　このように、言語運用に関わる二つの知識、機能的知識と社会言語学的知識は、それぞれ情報伝達と対人関係調整というコミュニケーションの本質的な目的を達成するため

第2章　コミュニケーション能力　35

に必要不可欠なものだと言えます。

意図の伝達と相手への配慮のバランス

コミュニケーションの目的が情報伝達と対人関係調整にあるということは、言語による対面コミュニケーションである私たちの日々の会話も、この二つの目的を達成するために行われているということです。そのように考えると、実際のコミュニケーションにおいて次のような会話が起こりづらいことが説明できます。

A：5万円貸して。
B：貸さない。

このような会話が行われたとしたら、お互いに嫌な気持ちになって、友人関係にヒビが入るであろうことは想像に難くないでしょう。なぜなら、Aの言い方も、Bの言い方も、相手に対する配慮がまったく感じられないからです。

しかし、この会話は情報伝達という観点では100点満点です。なぜなら、これほど簡潔明瞭に【依頼】の意図、【断

り】の意図を伝える言い方は他にはないからです。要するに、この会話例のAとBの発話は、自分の意図を伝達することのみを重視して、相手への配慮を欠いているわけで、情報伝達と対人関係調整のバランスがまったく取れていないのです。

　では、これと同じ状況で私たちは普通どのような話し方をするでしょうか。ちょっと考えてみてください。

　　A：ねぇ、Bさん。ちょっとお願いがあるんだけど。
　　B：え、なぁに？
　　A：実はねぇ、できたらちょっとお金貸してほしいんだ。
　　B：え、いくら？
　　A：5万円くらい。
　　B：えー、それはちょっと…。
　　A：来週お給料が入ったら、
　　　　すぐに返すから。
　　　　ね、お願い！
　　B：うーん、仕方ないなあ。
　　　　でも、私も今あまりお金
　　　　ないんだ。1万円なら貸
　　　　せるけど…。

このような会話を思い浮かべた方が多いのではないでしょうか。この会話では、先ほどの会話とは打って変わって、ＡもＢも相手が自分の言葉をどう受け取るかを考えて、お互いに相手への配慮を示しながら、自分の会話の目的（ここでは【依頼】と【断り】）を達成しようとしています。（最終的にＢが妥協していますが。）このように、私たちは普段のコミュニケーションでは、自分の意図がきちんと相手に伝わるように（情報伝達）、しかしそのために相手を不快にさせないように（対人関係調整）、この両者のバランスをうまく取りながら会話をしているのです。

　これは、会話に参加する者の義務のようなものです。私たちは自分がこうしたバランスを取ろうと努めているだけでなく、会話の相手にも同じように情報伝達と対人関係調整のバランスを取ることを期待しています。だからこそ、相手がこの期待を裏切るようなことをすると嫌な気持ちになるのです。

　このことは、日本語が母語ではない学習者と会話しているときにも、基本的には変わりません。そうであるならば、対面コミュニケーションにおいて学習者の習得の目標とされるべきは、「相手の気持ちに配慮しながら、自分が言いたいことをしっかり伝えられるようになること」だと言えるのではないでしょうか。

意図の伝達と配慮のバランスはどの言語でも同じか

　意図の伝達と相手への配慮のバランスを取りながら会話をすることは、もちろん日本語話者だけがやっていることではありません。世界中のどこの国の人もやっているはずです。だとしたら、「わざわざそれを日本語学習の目的にする必要があるのか」という疑問がわく人もいるかもしれません。

　しかし、言語や文化が異なれば、「自分の意図をきちんと伝えること」と「相手を不快にしないように配慮すること」のバランスの取り方は同じではないかもしれません。そして、そうした違いのために、学習者自身はきちんとバランスを取っているつもりでいるのに、相手の日本人には学習者が考えたようには伝わっていないということも十分に考えられます。

　次の例を見てください。

教師：あしたクラスのみんなで飲みに行きませんか。
学生：行けません。

　これは中国人の学習者の例ですが、このように断られたらあまりいい気持ちはしませんよね。目上の相手から誘われたときに、日本人の場合「あしたはちょっと予定がある

第2章　コミュニケーション能力　39

んです」とか「すみませんが、お酒は苦手なので…」のような言い方をして、はっきりと「行けません」とは言わない人も多いのではないでしょうか。こうした言い方は、誘いを断られる相手の気持ちへの配慮を示すために使われます。

　一方、この学習者の母語である中国語では、「行けません（我去不了）」という言い方が使われることもあります。断りの意図を言葉ではっきりと伝えても問題がないのです。このように、学習者の母語（自国の文化）では、意図の伝達と相手への配慮のバランスの取り方が日本語（日本文化）とは違う可能性もあり得るわけです。

配慮の示し方にもいろいろある

　また、学習者の母語と日本語とでは、相手に配慮を示すための具体的な方法が同じではない可能性もあります。

　次の例を見てください。

　学生：先生、今日のクラスはよかったですよ。
　　　　じゃ、失礼します。

　授業が終わった後で、学習者の一人が私に言ってきた言葉です。きっと授業で多くのことを学べたことを感謝したかったのでしょう。この学習者はアメリカ人でしたが、ア

メリカなどの英語圏では、ほめ言葉を使って感謝の意を表すこともよくあります。

しかし、日本の文化では、目上の人の技量（特に仕事に関わる技量）を目下の者がほめることはよしとされません。ほめるという行為には「評価」が含まれるため、目下の者が目上の者の技量をほめることは無礼な行いだと見なされるからです。そのため、学生から授業をほめられても、あまりいい気持ちはしないのです。

このように、相手に対する配慮（ここでは感謝や敬意）の示し方には、文化による違いが見られることもあり得ます。それならば、日本語の意図の伝達と相手への配慮のバランスの取り方や配慮の示し方を学ぶことは、学習者にとって大きな意義があると考えられるのではないでしょうか。

語用論的失敗により被る不利益

自分の意図を思ったように伝えることができず、コミュニケーションの目的が達成できないことを**語用論的失敗**と言います。「意図を思ったように伝えることができない」ということには、依頼をしたつもりなのに、依頼だと受け取ってもらえなかったということ（情報伝達の失敗）も、失礼にならないように丁寧な言い方で依頼をしたつもりだったのに、相手に失礼だと思われてしまったということ（対

第2章　コミュニケーション能力　41

人関係調整の失敗）も含まれます。

　こうした語用論的失敗は、かなり日本語が上手な学習者でも犯すことがわかっています[17]。流暢に話せて、一見会話には問題がないような学習者でも、語用論のレベルで考えると、日本人の聞き手から「何かおかしい」、「失礼だ」と受け取られることを言ってしまうわけです。

　言われた日本人のほうも人間ですから、そういうことが度重なると、その学習者に対してあまりよい感情を持てなくなってしまうこともあり得ます。いつも自分に対して失礼なことを言う人に、親切にしてあげようとか、仲良くしようなどとはなかなか思えませんよね。その結果、そうした学習者とは疎遠になったり、それまでのように親切にしたり、助けてあげたりしなくなってしまうかもしれません。このように、語用論的失敗の結果、学習者は実生活で不利益を被る恐れもあるのです。

上手な学習者ほど受ける不利益は大きい

　ところで、「日本語が上達すればするほど、語用論的失敗の結果として実生活で受ける不利益が大きくなる」と言ったら驚きますか。しかし、その可能性はかなり高いのです。

---

17 ここまでに紹介した学習者の例も、中上級レベルの学習者の実例です。

なぜだと思いますか。それは、失礼な言い方だと感じたときに私たち（母語話者）が考える原因が、学習者の日本語の上手さによって異なるからです。

　下手な日本語でたどたどしく話す学習者が言った言葉が失礼だったとしても、「まだ日本語がうまく話せないんだから仕方がない」と考えるのが普通です。つまり、失礼な言い方の原因は日本語の構造的知識の不足だと考えるわけです。そのため、あまりイライラしないのです。

　ところが、豊富な語彙や正確な文法を駆使してペラペラと流暢に話せる学習者が失礼な言い方をした場合、失礼な言い方の原因を日本語の構造的知識の不足だとは考えません。そのため、イライラしたり、カチンときたりすることが多くなります。こんなとき、私たちは失礼さの原因を相手の性格や人間性に結びつけて考えているのです。失礼な物言いを言語上の問題ではなく、人格上の問題だと考えてしまうから、腹が立つのです。日本語の上手な学習者に対しては、無意識のうちに日本人と同じ扱いをしてしまっているわけですね。

　このように、日本語の習熟度が高くなるほど、語用論的失敗によって受ける不利益が大きくなるのであれば、日本語の語用論的規範を学習することによって得られる恩恵も、習熟度の高い学習者ほど多くなるということになるでしょう。

教室で語用論的指導は行われているか

　ここまでの趣旨は、中上級以上の学習者でも、日本語を話すときに語用論的失敗を犯すことがある。その結果、実生活において不利益を被る恐れもある。そうならないためには、構造的知識だけでなく、語用論的知識も積極的に学ぶ必要がある、ということでした。

　ところが、**目標言語**[18]の語用論的知識の獲得を目的とした指導（以降、**語用論的指導**と呼びます）が、日本語教育の現場で体系的に行われているのかという問いに対しては、残念ながら「ノー」と答えざるを得ないでしょう[19]。この点に関しては、日本語教育だけがとりわけ遅れているというわけではありません。国内の英語教育だって事情は同じでしょうし、諸外国の外国語教育の現場でもそれほど大差はないはずです。

語用論的指導が積極的に行われていない理由

　語用論的知識は学習者にとって必要な知識であるはずなのに、日本語の（そして、語学一般の）授業で積極的に教

---

18 学習者が習得の目標としている言語、つまり学習している言語のことで、日本語学習者の目標言語は日本語です。

19 日本語教師の皆さんは、ご自身が所属する教育機関の授業を思い起こしてみてください。

えられていないのはなぜなのでしょうか。これにはいくつかの原因が考えられそうです。

語用論的側面の重要性の認識の欠如

一つ目は、外国語習得における語用論的側面の重要性の認識が足りないことです[20]。言語学習の根幹は構造（発音、語彙、文法、文字）の知識の習得であって、その知識をどのように運用するかは副次的な課題だと考えている教科書作成者、語学プログラムの責任者、現場の教師がまだまだ大勢いるということです。文法訳読法やオーディオリンガル・アプローチが教授法の中心であった頃はこうした考え方が当たり前だったのでしょうが、教授法の中心がコミュニカティブ・アプローチにシフトした現在でも、「（隠れ）文法至上主義」の語学関係者はけっこう多いのかもしれません。

また、コミュニケーション能力を「発信力」と混同してしまっているケースも見られます。こうした人たちは、コミュニケーションを情報伝達の側面からしか見ていないため、学習者が自分の知識や意見を効果的に発信できるよう

---

20 このことは英語教授法においてはずいぶん昔から指摘されています（Bardovi-Harlig, 1992）。

になることだけに焦点を当ててしまう傾向があります。中上級レベルの会話の授業が、スピーチやディベートの練習ばかりになっているようでしたら要注意です。

語用論的指導の難しさ

　二つ目の原因は、語用論的指導は難しいということです。教えようと思っても、語彙や文法の指導のように簡単にできるわけではありません。にもかかわらず、信頼できる教科書や効果的な指導法についての情報がほとんどないのです。

　構造シラバスに基づいた教科書はたくさんありますし、発音や文法の教え方に関する書籍や情報は比較的簡単に見つけることができます。しかし、語用論的指導のために作成された教科書や語用論的指導の方法に関する書籍や情報を手に入れることは難しいと感じている方も多いのではないでしょうか。（だからこそ、本書を手に取ってくださっているのだと思います。）そのため、意識が高い現場の先生が自分の授業に語用論的指導も取り入れていこうと考えたとしても、どのように取り組んだらよいのかわからないということが起こるわけです。

　語用論的指導のために使える教科書や教授法に関する書籍が手に入らないのであれば、教師は自分自身でそのため

の勉強をしなければなりません。しかし、教育に応用できる研究成果を学ぶために、語用論的知識の習得や指導に関する研究論文[21]を読んでいる教師は少ないでしょう。これには、単純に現場の教師たちが日々の授業に忙しくてそうした勉強に割ける時間が取れないという理由だけでなく、この分野の専門書や研究論文の多くは英語で書かれているため、英語の論文を読み慣れていない人にはハードルが高いという理由もあるのではないかと思います。

既存のカリキュラムとの調和

　三つ目の原因は、語用論的指導を現在採用しているカリキュラムの中にうまく取り込むことが難しいことです[22]。端的に言うと、やれ文法だ、文型だ、新出語彙だ、漢字だと、ただでさえびっしり詰まっているカリキュラムの中に、新しく語用論的な内容を取り入れていく時間的な余裕がないということです。そして、その結果「語用論的な知識の

---

21 非母語話者の第二言語の語用論的知識の習得過程や指導の効果を研究する分野を**中間言語語用論**と言います。興味がある方は、ぜひ拙著『中間言語語用論概論　第二言語学習者の語用論的能力の使用・習得・教育』（スリーエーネットワーク刊）をお読みください。

22 この点についても、英語の授業でもまったく同じようです（Hadley, 2001）。

第2章　コミュニケーション能力　47

導入は、基礎的な文法や語彙を身につけた後でやればいい」ということになってしまいがちです。しかし、どんなに勉強しても、新しい語彙や文法の学習が終わることはありません。構造の学習だけに目を向けている限り、「後」は決して来ないのです。

第3章
学習者の語用論的能力

日本語教師の疑問

　ここまで読んできた読者の皆さんの中には、「学習者が語用論的失敗を犯すことはわかった。でも、その原因を知ることができなければ、語用論的失敗が起こらないように教育的な支援をすることはできないのではないか」と思った方もいることでしょう。

　また、「日本にいる学習者であれば、コミュニケーションの対人関係調整の側面は教室の外で日本人と交流しているうちに自然に学ぶだろうから、貴重な時間を割いてまで教室で指導する必要はないのではないか」と思った方もいるかもしれません。

　語用論的指導が必要だと納得してくれた方の中にも、「しかし、そもそも人間関係の細かいことに関わる語用論的な側面を教室で教えることができるのか。いったい、何をどのように教えればよいのだろうか」と疑問に思った方はいるでしょう。

　これらは、語用論的指導に関して多くの日本語教師が抱く代表的な疑問だと思います。これらの疑問を整理してみると次のようになります。

疑問1：語用論的失敗の原因は何か？
疑問2：語用論的知識は日本で生活していれば自然に身につく
　　　　のではないか？
疑問3：語用論的知識は教室で教えることができるか？
　　　　何をどのように教えればよいのか？

　この章では、これら三つの疑問に対する答えを考えてい
きたいと思います。

語用論的失敗の原因

　まずは、**疑問1「語用論的失敗の原因は何か？」**からです。
　語用論的失敗とは、学習者が場面に不適切な発話をして
しまい、発話意図や聞き手への配慮の伝達に失敗すること
を言います。語用論的失敗の原因は、一つではありません。
主な原因として、次のようなものが考えられます。

①　構造的知識の不足
②　母語の語用論的知識の影響
③　目標言語の語用論的規範に対する誤解
④　学習方法・使用教材の影響

　では、一つずつ順番に見ていくことにしましょう。

構造的知識の不足

　まず考えられる原因は、構造的知識の不足です。これは、第二言語の習熟度が低い、すなわち構造的知識の量が少ない場合に、語用論的失敗が起こるということです。

　使える文型や既知の語彙が少ないと、母語なら自由に話せることが話せません。そうした学習者は、たとえ丁寧に話さなければいけないことがわかっていたとしても、その場面にふさわしい表現を使うことができません。一般的に、丁寧度の高い言い方ほど文法的、語彙的に複雑になるため（その仕組みについては、115ページ**内的修正と外的修正**で詳しく述べます）、丁寧度の高い言い方をするにはそれに応じた構造的知識が必要になるのです。

　例として、依頼の表現を考えてみましょう。学習者が最初に学ぶ依頼の表現は「～てください」です。これは初級教科書の前半で登場します。その後、やりもらい表現を学習する際に、「～ていただけませんか」を学習します。そして、中級になると、文末まで言い切らないで終わる**言いさし表現（中途終了文）**（例えば、「～ていただきたいのですが……」）が頻繁に出てくるようになります[23]。

---

23 参考までに、『みんなの日本語 初級』（スリーエーネットワーク刊）では、「～てください」は14課、「～ていただけませんか」は26課、「～んですが」も26課で導入されています。

教師から本を借りたいときに、「相手は先生だからかなり丁寧な言い方をしたほうがよい」、「母語で頼むときと同じ程度には丁寧な言い方で頼んだほうがよいだろう」と思っていたとしても、やりもらい表現や中途終了文を学んでいない初級の学習者は、「本を貸してください」としか言いようがないのです。

　このように、構造的知識が足りないことによって、聞き手への配慮が十分に伝えられないことは、まだ学習があまり進んでいない初級や中級前半の学習者にはよくあることです。しかし、実は「構造的知識の不足」は、語用論的失敗の原因の中ではそれほど厄介な問題ではありません。なぜなら、語用論的知識に問題があるわけではないので、文型や語彙などの知識が増えてくれば自然に修正されていくからです。また、前述のように、日本語がたどたどしいうちは、語用論的に不適切な発話をしたとしても、聞き手の日本人からはそれほど失礼だと思われないことが多いことも理由です。

母語の語用論的知識の影響

　それよりも厄介なのは、母語の影響です。第二言語を使うときに母語の知識の影響が出てしまうことを、専門的には**転移**と言います。転移は、発音、語彙、文法など言語構

第3章　学習者の語用論的能力　53

造の様々なレベルで生じます。

　例えば、韓国人の学習者には、上級レベルになっても、「いくちゅですか」のように「つ」を「ちゅ」と発音してしまう人がいます。これは韓国語には日本語の「つ」に当たる音がないため、韓国語にある最も近い音で代用してしまうことによって起こる誤りで、発音レベルの転移です。

　語彙の転移もよく起こります。例えば、英語のwalkは「歩く」の他に「散歩する」や「(犬を) 散歩させる」といった意味もあります。そのため、「歩く＝walk」と学習した英語を母語とする学習者の中には、「毎日公園を歩きます」(「散歩します」の意)、「弟が犬を歩きます」(「散歩させます」の意) と言ってしまう人もいます。これは日本語と英語の単語の意味範囲の違いから生じる誤りで、語彙レベルの転移です。

　文法レベルの転移というのもあります。日本語には主題文という構造があります。居酒屋で注文するときに、「私に関して言えば、注文はビールです」という意味で、「私はビールです」と言うことができます。そのため、海外旅行先のレストランで"I am beer."と注文する日本人が時々いますが、これでは「私＝ビール」となってしまい意味が通じません。「今日は取締役会です」というつもりで"Today is the board meeting."と言ってしまったりするのも、同

じです。

　前置きがずいぶん長くなりました。このように言語構造の様々な側面で母語からの転移が生じるのですが、これと同じように、母語の語用論的知識が第二言語における発話の理解や産出に影響を及ぼすことがあるのです。専門的には、こうした現象は**語用論的転移**と呼ばれています。語用論的転移は、発音や語彙、文法の転移よりもわかりにくいので、話し手本人や会話の相手が気づかないこともよくあります。

　母語から転移される語用論的知識には、機能的知識も社会言語学的知識も含まれます。機能的知識の転移としては、母語の言語形式と機能の対応関係を第二言語でもそのまま

第3章　学習者の語用論的能力　55

使ってしまうことが挙げられます。わかりやすい例として
は、私たち日本人が英語で感謝する際に「すみません」と
いうつもりで"I'm sorry."と言ってしまうというのがあ
ります。日本語の「すみません」は、謝罪の表現としてだ
けでなく、感謝の表現としても使えますが、英語の"I'm
sorry."には謝罪の機能しかありません。そのため"I'm
sorry."と言っても、英語母語話者には感謝の気持ちは伝
わらないわけです。

　また、英語で許可を求める際に、"I want to ~."を使っ
ている日本人を時々見かけますが、これも日本語の機能的
知識の転移の例です。というのは、遠慮がちに許可を求め
るときに使う「～たいのですが」という日本語の表現を、
そのまま英語に置き換えて使っているからです。しかし、
英語の"I want to ~."は自分の欲求を一方的に伝える表現
なので、遠慮がちに許可を求めるという意図は伝わらず、
むしろ押し付けがましく無礼に聞こえてしまいます[24]。

　母語の社会言語学的知識の転移としては、社会的・状況
的文脈の捉え方に母語の影響が出てしまうことが挙げられ

---

24 脇山・佐野キム（2000）では、ホストファミリーに気を遣って、"I want
to watch TV."（テレビを見たいのですが）という言い方で許可を求めて
いた日本人高校生が、ホストファミリーの機嫌を損ねてしまい、ホーム
ステイ先を追い出されたというエピソードが紹介されています。

ます。例えば、日本人英語学習者が英語で依頼を断るとき
に、相手が目上か目下かで、"I'm sorry." と謝罪をする頻
度が極端に異なっていたという研究結果（Beebe et al., 1990）
があります。日本語母語話者も同様に目上と目下で謝罪の
頻度が異なっていたので、これは日本人英語学習者が上下
関係によって言い方を変える（目上の相手からの依頼を断
るときには謝るべきだが、目下の相手には謝らなくてもよ
い）という日本文化の規範を英語の運用に持ち込んでしまっ
た結果だと考えられます。しかし、アメリカ英語母語話者
は上下関係にかかわらず謝罪をしていたことから、日本人
の目下の相手に対する断り方はアメリカ社会では横柄な印
象を与えてしまいかねません。

　なお、この日本人英語学習者の大半は滞米3年半以上の
上級学習者でした。このように、社会言語学的知識の転移
は構造的知識の多寡とは関係がないため、上級や超級レベ
ルの学習者にも十分起こり得る問題なのです。

目標言語の語用論的規範に対する誤解

　転移によって母語のような話し方をしてしまうことだけ
が、語用論的失敗の原因ではありません。母語で話すとき
とは明らかに異なる話し方をしているにもかかわらず、目
標言語の母語話者が期待するものとは異なる話し方になっ

てしまっていることもあります。

　そうした場合の多くは、**目標言語共同体**[25]の言語行動の
パターンやその背後にある社会文化的規範に対する誤った
ステレオタイプが影響していると考えられます。この場合
のステレオタイプとは、「日本人はいつも謙遜する」、「ア
メリカ人は直接的で歯に衣着せない言い方をする」などと
いうものですが、こうした考えを過度に一般化したり、一
部の特徴を大袈裟に理解していることによって語用論的失
敗が生じることがあるのです。

　ここでは、日本人英語学習者を対象にしたアメリカの研
究（Robinson, 1992）を紹介します。「日本人は丁寧だ」と
いうのが一般的なアメリカ人が日本人に対して抱くイメー
ジだと言われています。しかし、ハワイに留学している日
本人大学生、大学院生が英語で行う依頼に対する断り方を
調べたところ、かなり直接的な断りが見られました。研究
者がインタビューをしてなぜそういう言い方をしたのか尋
ねてみると、「英語では日本語よりももっとはっきりと断
らなければいけない」、「自分の依頼が断られたら、日本人
は気を悪くするが、アメリカ人はあまり気にしない」といっ

---

25 目標言語を日常的に使用している人々の共同体のことで、日本語の場合
は日本社会ということになります。

た回答が返ってきたそうです。

この研究の対象となった日本人は、アメリカの大学で学んでいる大学生や大学院生で、インタビューにも英語で答えているのですから、丁寧な言い方ができないほど英語の構造的知識が少ないわけではないでしょう[26]。にもかかわらず、直接的で丁寧度が低い断り方をしてしまったのは、彼らは「アメリカ文化ではストレートな物言いをすべきだ」というステレオタイプを持っており、これが英語で断るときに過度に影響してしまったのが原因だったわけです。

こうしたステレオタイプに基づく誤解は、日本語学習者にも起こります。上級の中国人日本語学習者（日本語能力試験1級合格者）、日本語母語話者、中国語母語話者を調査した研究によると、依頼や勧誘を断る際に、「ちょっと…」、「仕事が…」などのためらいのポーズで断りを予感させる表現を、日本語母語話者よりも中国人の上級学習者のほうがはるかに多く使用したそうです（鈴木, 2010）。

同じ状況で、中国語母語話者はこうした表現をほとんど使わなかったので、母語である中国語からの語用論的転移が原因ではありません。この学習者たちは、中国国内のみ

---

26 この研究に参加した12名の日本人英語学習者のTOEFL（PBT）の点数は、513点から650点までです。

で日本語を学習していたため、日本人や日本社会との直接の接触も少なく、日本語や日本文化に関する知識は授業やメディアから得たものが大半だったようですが、そうした中で「日本人はためらうことが多い」、「日本人ははっきり結論を言わないものだ」という先入観を抱いていた可能性が指摘されています。

学習方法・使用教材の影響

　誤った思い込みに至るには、何かしらの原因（情報の入手経路）があります。上述の中国人日本語学習者の場合は、授業やメディアから日本文化についての情報を得る過程で、日本人の断り方に関するステレオタイプ的なイメージを作り上げていったようです。

　このことは、日本語の授業で学習したことが語用論的逸脱の原因になった可能性を示唆しています。つまり、教科書の内容や教師の説明によって「日本人はためらうことが多い」、「日本人ははっきり結論を言わないものだ」という先入観を形成した可能性や、あるいは、「ちょっと…」、「仕事が…」などの言い方を過度に練習したことがこうした表現の過剰な使用につながった可能性が大きいということです。

　授業で教わったことが原因で語用論的失敗が起こってしまうことがあるなんて、教師としてはにわかには信じたく

ないでしょう。しかし、授業における学習項目の提示のされ方や練習の仕方によって引き起こされる誤りは、日本語の教育実践においても起こり得ます。こうした現象は、専門的には**訓練上の転移**と呼ばれています。

私が行った【ほめに対する返答】の研究（Shimizu, 2009）の結果を例にして説明しましょう。

ほめられたときの返答の仕方は、ほめを受け入れる「肯定型」、拒絶する「否定型」、受け入れも拒絶もしない「回避型」の3種類に分けられます。例えば、「そのバッグ、素敵ですね」とほめられたとき、「ありがとうございます。お気に入りなんです」と答えるのは肯定型、「いえ、たいしたものじゃないです」と答えるのは否定型、「え、本当ですか。先週買ったばかりなんですよ」と答えるのは回避

第3章 学習者の語用論的能力

型です。

　この3種類のうちどれがよく使われると思いますか。中上級のアメリカ人日本語学習者、日本語母語話者、アメリカ英語母語話者の大学生・大学院生を調査した結果は、以下の通りでした。

ほめに対する返答の仕方

	肯定型	回避型	否定型
アメリカ人日本語学習者	24%	18%	58%
日本語母語話者	48%	39%	13%
アメリカ英語母語話者	81%	15%	4%

　上の表を見るとわかるように、アメリカ人日本語学習者は否定型が約6割と最も多いのに対して、日本語母語話者は肯定型と回避型がほぼ同じくらいで、否定型は1割ほどしかありません。つまり、学習者の返答の仕方は日本語母語話者とかなり違うのです。しかし、アメリカ英語母語話者の否定型の割合はわずか4パーセントですから、日本語母語話者と違ってアメリカ人日本語学習者が否定型を多用する原因は母語である英語からの語用論的転移でないことは

明らかです。

　それだけでなく、学習者は日本語母語話者よりも強い否定表現を使っていることもわかりました。例えば、日本語母語話者は「いや」（「い」はとても小さい音で）と軽く発音していたのに対して、学習者は「いいえ」とはっきり発音していました。（ちなみに、「いいえ」と言った日本語母語話者は一人もいませんでした。）また、学習者は「そうじゃない」、「とんでもない」などの表現を使って否定をしたのに対して、日本語母語話者が使っていたのは「そんなことはない」というやや弱めの否定表現でした。

　このような違いはなぜ起こったのでしょうか。学習者にインタビューすることによって、原因がわかりました。原因は、彼らがこれまでに使ってきた教科書でした。否定型の返答をしていた学習者が使ってきた教科書では、否定型の返答しか紹介されていなかったのです。また、こうした教科書のモデル会話で使われている表現は「いや」ではなく「いいえ」、「そんなことはない」ではなく「まったくだめなんです」、「まだまだです」などでした。さらに、「日本人はほめられたら謙遜を示すためにはっきりとほめを否定する」といった説明が書かれている教科書まであったのです。

学習者の中には、「授業で日本人の先生から『日本語では、謙遜するために、ほめられたら否定しましょう』と教えられた」と言う人も多数いました。教科書に書いてあって、母語話者である日本人の先生にもそう教えられたら、信じるなというほうが無理でしょう。

　読者の皆さんの中には、「ほめられたときの日本人の典型的な返答は否定型（謙遜）ではないか」と思われる方もいるかもしれません。しかし、この研究だけでなく、多くの研究（Saito & Beecken, 1997; 寺尾, 1996; 横田, 1986など）によって日本人（の若者）のほめに対する返答では否定型よりも肯定型や回避型のほうが多いという結果が示されています[27]。この研究に参加した日本語学習者たちも若者（大学生・大学院生）ですから、日本人の若者の返答の仕方を学習のモデルにするべきでしょう。

　このように、誤ったステレオタイプは教師や教科書から押し付けられてしまうこともあるということを、私たち教師は常に意識しておくことが必要です。

---

27 もちろん、誰から何をほめられるかによって返答の仕方は影響を受けます。例えば、あまり親しくない人に容姿をほめられた場合などには、否定型の返答が多くなると思います。

学習環境の影響

　次に、**疑問2「語用論的知識は日本で生活していれば自然に身につくのではないか？」**に対する答えを考えてみましょう。この疑問の根底にある考えは、「人間関係に応じた言葉の使い方は、教室の外で日本人と話すことを通して学べるはずだ」というものでしょう。

　果たして、現実はどうなのでしょうか。このことを調べる方法は2通りあります。一つは、日本国内で日本語を学ぶ場合のように、教室の外でも目標言語が日常的に使われている環境と、アメリカで日本語を学ぶ場合のように、教室の外では目標言語が使われていない環境を比べる方法です。専門的には、前者を**第二言語環境**、後者を**外国語環境**と呼ぶのですが、それぞれの環境で学んでいる日本語能力が同じ程度の学習者グループを比べることによって、違いがあるかどうかを判断するわけです[28]。

　もう一つの方法は、留学する学習者を渡航直前（または渡航直後）に調査し、その後留学中に同じ学習者を数か月ごとに定期的に同じ方法で調査することによって、変化の過程（留学の効果）を明らかにする方法です[29]。

---

28 こうした研究方法を**横断的研究**と言います。

29 こうした研究方法を**縦断的研究**と言います。

第3章　学習者の語用論的能力　65

こうした研究の結果を見てみると、横断的研究では第二言語環境の学習者のほうが語用論的知識が豊富であるとするものが、また縦断的研究では留学中に語用論的知識が増えたとするものが大半を占めます。ということは、やはり目標言語が教室の外でも日常的に使われている第二言語環境に滞在しているほうが、語用論的知識の習得には有利であるということになります。

その理由として挙げられているのは、第二言語環境の教室の外には、発話の社会的・状況的文脈に関する情報を伴った**インプット**[30]に接する機会が豊富にあるからだというものです（Ellis, 1992）。ということは、日本にいる学習者は、教室の外で日本人とたくさん会話をすることによって、そうしたインプットを得ることができ、そうしたインプットを通して日本語の語用論的知識を習得していくことができるということになります。

「ほら、やっぱり！」という声が聞こえてきそうですね。しかし、話はここで終わりません。第二言語環境に滞在していれば語用論的知識の習得が必ず起こるわけではなく、第二言語環境の学習者が全員同じように語用論的知識を習

---

30 目標言語との直接的な接触のことを言います。目標言語で行われる発話を聞いたり、目標言語で書かれた文章を読んだりすることがインプットとなります。

得していくわけでもないことも、研究によってわかっているからです。つまり、第二言語環境に滞在することは語用論的知識の習得に対して一定の効果はあるとしても、それだけで十分だということにはならないということです。「第二言語環境での滞在は、語用論的発達にとって万能薬ではない」(Taguchi, 2008: 427) わけです。

語用論的知識の習得を妨げる要因

　そうなると、何が第二言語環境を万能薬たらしめないのか、つまり第二言語環境の何が語用論的知識の習得の妨げになっているのかを知りたくなってきますね。これまで「第二言語環境」という用語を使ってきましたが、日本語の授業を受けている学習者にとっては、第二言語環境は**教室習得環境**と教室外の**自然習得環境**の組み合わせなので、厳密には自然習得環境の何が習得を妨げる要因なのかということになります。これに関しても、研究によっていくつかの要因がわかっています。主な要因は、以下の通りです (清水, 2009)。

---

① 必要なインプットに接する機会の少なさ
② 否定証拠の欠如
③ 語用論的に不適切なインプット

第3章　学習者の語用論的能力　67

必要なインプットに接する機会の少なさ

　教師と学生、学生同士といった限られた社会的関係しか存在しない教室習得環境とは違って、自然習得環境では、様々な社会的関係が存在します。そうした社会的関係や場面において行われるコミュニケーションを体験することによって、豊富な社会的・状況的文脈の情報を伴った言語のインプットに数多く接することのできることが、自然習得環境の利点であることは先に述べた通りです。

　しかし、教室とは違って、教師のコントロールが利かない自然習得環境ゆえの弊害もあるのです。その一つが、習得に必要な**肯定証拠**に接する機会を得られないことがあるということです。肯定証拠というのは、目標言語で「これは正しい」、「これはしてもいい」という証拠のことです。

　教室習得環境であれば、あらかじめシラバスに盛り込んだり、教師がその場で判断したりすることによって、必要な肯定証拠を的確なタイミングで与えることができますが、自然な会話にはそのような「シラバス」も「教師」も存在しません。そのときそのときに接したインプットの中で気づきが起こると習得が始まるのですが、教室外ではこのインプットの中身やタイミングのコントロールができないわけです。

　場合によっては、必要なインプット（肯定証拠）にまっ

たく接することができないということさえあり得ます。そうした例がアメリカの研究（Bardovi-Harlig & Hartford, 1996）によって報告されています。アメリカの大学院では授業の履修プラン（各学期にどの授業を履修したらよいか）を指導教授と相談して決めるのが一般的です。その際に、大学院生は指導教授からの提案に同意できない場合にそれを断ったり、自分で考えた履修プランを提案したりしなければなりません。こうした場面で英語非母語話者である留学生の大学院生が使った【断り】や【提案】の表現は、アメリカ人には尊大で無礼な印象を与えるものでした。

　その原因は、彼らが指導面接で指導教授に対してどのような話し方をすれば適切なのかを知らなかったことにあるのですが、なぜ知ることができなかったかというと、大学院の指導面談は学生ごとに個別に行われるため、そうした場面でアメリカ英語母語話者の大学院生がどのような話し方をするのか直接観察することができなかったからだったのです。つまり、指導教授に対する【断り】や【提案】のための適切な言い方を習得するのに必要な肯定証拠を得る機会がなかったというわけです。

否定証拠の欠如

　教室習得環境とは異なる自然習得環境の二つ目の特徴は、

第3章　学習者の語用論的能力　69

否定証拠がほとんどないことです。否定証拠というのは、目標言語で「それは間違っている」、「それはしてはいけない」という証拠のことです。自然習得環境で周りの日本人が話している日本語は、学習者にとっては「これは正しい」、「これはしてもいい」という証拠ですから、すべて「肯定証拠」です。しかし、「母語話者がそうしている」という肯定証拠だけでは、「してもいいこと」はわかっても「してはいけないこと」まではわからないのです。

　学習者が文法や語彙を間違えたり、聞き取れない発音で話したりしたのであれば、聞き手の日本人は何と言ったのか聞き返したり、学習者が言いたかったことを確認したりするでしょう[31]。これらは、学習者にとって否定証拠として働きます。

　しかし、学習者が語用論的に不適切な言い方をしたときに「その言い方は失礼だからやめたほうがいいですよ」といったアドバイスをする母語話者はほとんどいません。単に失礼なだけで、意味内容の伝達に致命的な影響を与えるわけではないので、黙認されがちなのです。また、いちいち指摘するとコミュニケーションの流れが止まってしまいますし、学習者を不快にするかもしれないと判断して訂正

---

31 こうしたプロセスは、専門的には**意味交渉**と呼ばれます。

を躊躇する母語話者も多いでしょう。

　こんな例が報告されています（Siegal, 1995）。ニュージーランドで高校の日本語教師をしているニュージーランド人が研修のために来日しました。この人は敬語が得意ではなかったため、指導教授に対して敬語の代わりに尊敬を示す手段として上昇イントネーションの「～でしょう？」を使っていました。「先生は今日の午後会議にいらっしゃいますか」の代わりに、「先生は今日の午後会議に行くでしょう？」といった具合です。これは指導教授に対する言い方としては、かなり失礼ですよね。しかし、この「でしょう？」の不適切な使い方に対して、指導教授から訂正や注意を受けることはなかったそうです。

　「会議にいらっしゃいますか」でも「会議に行くでしょう？」でも、会議に行くかどうかを確認していることには変わりありません。命題内容（「教授が会議に行くかどうか」）や話し手の意図（ここでは【質問】）は伝わっていますし、言った本人は仮にも日本語の先生ですからいちいち訂正するのも失礼だと思ったのかもしれません。しかし、その結果、この学習者（ニュージーランド人の日本語教師）は「『～でしょう』は尊敬語の代わりには使えない」という否定証拠を得ることができず、指導教授に対する適切な質問の仕方を習得することができませんでした。

第3章　学習者の語用論的能力　71

語用論的に不適切なインプット

　自然習得環境に存在する弊害の三つ目は、日本語母語話者の発話は実は「正しい」肯定証拠ばかりではないということです。母語話者同士で会話をしているとき[32]と、外国人（非母語話者）と会話をしているとき[33]では、話し方を変えていることがよくあることがその理由です。私たちは同じ日本人に対してなら決してしないような言い方で、外国人に対して話すことがあるのです。

　母語話者が非母語話者に対して話すときの特徴的な話し方を**フォリナートーク**と言います。ゆっくりはっきりと発

---

32 専門的には**母語話者場面**と言います。
33 専門的には**接触場面**と言います。

音したり、平易な単語や表現を使ったり、従属節や関係節などの使用を避けて単純な構造の文だけで話したりするのが特徴です。

　例えば、路上でA社までの行き方を聞かれて説明するときに、母語話者同士の会話では「この道をまっすぐ行って、三つ目の交差点を右折すると左側に専門学校の黄色の建物が見えます。その2軒先がA社です。」と言うところを、フォリナートークでは「この道、行きます。三つ目の角、右に行きます。道の左に黄色い学校あります。その学校の隣の隣です。」というような言い方になります。このように、フォリナートークは日本語が完璧ではない非母語話者との意思疎通を図るために母語話者が行うコミュニケーション上の方略です。

　フォリナートークの特徴として、敬語の省略や**です・ます体**[34]の代わりに**だ・である体**[35]を使うといったことも指摘されています（ロング, 1992）。これも、より平易な表現を使うことによって非母語話者に理解してもらおうとする方略なのですが、その結果として、会話をしている場面

---

34 敬体、丁寧体という呼び方もあります。

35 常体、普通体という呼び方もあります。

や相手との関係に照らして必要とされるだけの敬意を示していないことがあります。外国人だから敬意を示さなくてもよいというつもりはないのですが、意思疎通を優先するがために、敬意を表すことを犠牲にしてしまっているのです。

こうした簡素化は、敬語や文体だけとは限りません。次の例を見てください。

〈旅行代理店にて〉

店員　：<u>はい。</u>

サリー：今週は韓国に行きたいから、～～の切符をください。

店員　：はい。<u>できますよ。</u>

（Siegal, 1994: 226）

カウンターにやってきた客（サリー）に気づいて、店員は「はい」と声を掛けています。さらに、切符の注文に対しても「はい。できますよ」と応じているのですが、客が日本人の場合にも同じような応対をしたでしょうか。おそらく初めの挨拶は「いらっしゃいませ」、注文に対する返事は「はい。かしこまりました」になるはずです。

では、なぜこんな失礼な言い方をしたのかというと、「『い

らっしゃいませ』、『かしこまりました』などの表現は外国人には難しすぎてわからないだろう」と考えたからです。それで、わかりやすい易しい表現に変えたのでしょう。しかし、その結果、店員と客という関係に照らして明らかに失礼な言い方になってしまったのです。

　ここで問題なのは、言われた側のサリーさんは今説明したようなことは一切知らないということです。サリーさんからしてみれば、日本人の店員が使っている表現なのだから正しい（場面に適切な）言い方だと思うはずです。つまり、この店員の発話は「肯定証拠」として機能します。このように、場面に必要な適切さを欠くフォリナートークは、語用論的に不適切なインプットとなってしまう可能性があるのです。

　フォリナートークは、語彙や表現の選択だけでなく、発話行為を行う際の**ストラテジー**[36]の選択にも影響します。私たちが依頼や招待を断るときには、「とても残念なのですが」、「あいにくその日は忙しくて」、「ぜひこの次はご一緒させてください」などのように、断られる相手の気持ち

---

36 ここでは「ストラテジー」という呼び方をしておきますが、これは第4章で「補助ストラテジー」と呼んでいるものと同じです。また、専門的には**意味公式**という呼び方もあります。

第3章　学習者の語用論的能力　75

に対する配慮を示す言葉を添えるのが普通です。こうした発話をストラテジーと呼ぶのですが、非母語話者からの依頼や招待を断るときには、こうしたストラテジーの使用が少なくなることが指摘されています。また、「外国人に日本語の微妙なところはわからない」といった理由で「あー」、「えーえー」などの**言い淀み**、「ちょっと」などの**緩和語句**、「たぶんダメだと思うんですが……」のような言いさし表現（中途終了文）もあまり使われなくなります（横山, 1993）。

このように、フォリナートークは意思の疎通を成立させるためには便利な道具なのですが、「適切さ」という観点からは問題があることも多いのです。学習者が自然習得環境で出くわすインプットにはこうした語用論的に不適切なフォリナートークも多分に含まれているということを意識しておく必要があります。

学習者の個人差

このように、教室外の自然習得環境には語用論的知識の習得を阻害する要因もあるため、語用論的知識の学習の機会は日本人との日常会話に任せておいて、教室では文法や語彙の学習だけに集中していればよいというわけにはいかないことがおわかりいただけたのではないかと思います。

自然習得だけに頼っていると、語用論的知識の習得には

膨大な時間がかかります。例えば、英語の**会話の含意**[37]の習得の研究（Bouton, 1994）では、母語話者並みに含意が理解できるようになるためには最低5年程度は英語圏に住む必要があることが指摘されています。

　しかも、単に長期間第二言語環境に滞在していればよいのかというと、そう一概には言えません。同じ期間第二言語環境に滞在しても語用論的知識の習得には学習者の間で差が出るのが普通です。それには、学習者の**個人差**に関する要因の影響があります。積極的に母語話者と接触する機会を求める学習者とそうでない学習者とでは、同じ期間第二言語環境に滞在していても、その間に得られるインプットの量には当然差が出てきます（Kinginger & Farrell, 2004）し、第二言語の習熟度が高い学習者ほど母語話者との接触の機会を積極的に求めるようになるので、滞在時の個々の学習者の習熟度によってもインプットの量やそうしたインプットに対する気づきの質が変わってきます（Matsumura, 2003）。

---

37 発話の文脈に基づいた推論から生まれる慣習的な、あるいは一時的・臨時的な意味のことで、言外の意味とも呼ばれます。例えば、A:「もう6時だね」、B:「そうだね、何食べる？」という会話では、Aは表面的には「現在の時刻が6時である」という内容の発話をしているだけですが、Bは「そろそろ夕食の時間だから、一緒に夕食を食べよう」という意味を酌み取っています。これが会話の含意です。

第3章　学習者の語用論的能力　77

また、語用論的な規範（例えば、遅刻したときの謝り方）は言語や文化を超えて普遍的だと捉えている学習者は、文化が異なれば語用論的規範も異なるかもしれないと信じている学習者よりも、インプット中の語用論的特徴に気づきにくいこともわかっています（Olshtain, 1983）。

自然習得環境だけに任せることはできない

　以上見てきたように、単に教室外で日本語母語話者との接触の機会が多いというだけでは、必ずしも語用論的知識の習得の助けになるとは限らず、与えられるインプットによっては反対に正しい語用論的知識の習得を阻害することも考えられます。また、同じように第二言語環境に滞在していても、自然習得に任せておいたのでは、学習者の個人差に関する要因によってその習得の進み具合にはおのずと差ができてしまいます。やはり、自然習得環境での経験だけに任せていたのでは、語用論的知識は必要なときまでに十分に習得できないと考えるしかありません。

指導の効果

　自然習得環境での経験だけに任せていたのでは、語用論的知識を学ぶのに時間がかかり、また十分に習得できないのであれば、やはり教室で指導していかなければいけない

ということになります。しかし、ここで生じるのが「人間
関係や文化的な規範も関わる語用論的知識の習得が、果た
して教室指導によって促進できるのか」という疑問でしょ
う。また、仮に教室指導は可能だとしても、「いったい何
をどのように教えたらよいのか」といった疑問も出てくる
かもしれません。これが、**疑問3「語用論的知識は教室で
教えることができるか？　何をどのように教えればよいの
か？」**です。

　語用論的知識の習得が教室指導によって促進できるかど
うかは、ある語用論的項目について指導を受けた学習者の
グループと指導を受けなかった学習者のグループを比較す
ることによって明らかにできます。

　例えば、登場人物が【依頼】を行うモデル会話を題材に
した授業で、一つのグループでは文法項目や新出語彙、会
話の意味内容などについてだけ学習し、もう一つのグルー
プではこれらに加えて、場面と依頼表現の関係や依頼を行
う際の話し方（表現やストラテジーの使い分け）などにつ
いても解説をします。前者がインプットにさらされるだけ
のグループ[38]、後者は語用論的指導を受けたグループ[39]で

---

[38] 専門的には**統制群**と呼ばれます。

[39] 専門的には**実験群**と呼ばれます。

第3章　学習者の語用論的能力　79

す。この二つのグループに対して、この授業を受ける前と受けた後に同じ課題（【依頼】を行うロールプレイなど）をしてもらい、その成績を比較するわけです[40]。

　こうしたやり方で二つのグループを比較した研究の多くは、語用論的指導を受けたグループのほうが事後テストの結果が優れていたとしています。語用論的指導を行うことは単に目標言語の肯定証拠にさらされるよりも効果的であることが実証されているわけです。このことは、授業内で語用論的特徴が含まれるインプットを提供したとしても、そうしたインプットに単にさらされるだけでは語用論的機能とそれに関連する社会的・状況的文脈要因の関係に気づきにくいことを示しています。

明示的指導と暗示的指導

　ところで、先ほどの例では、「場面と依頼表現の関係や依頼を行う際の話し方（表現やストラテジーの使い分け）などについての解説」を語用論的指導としましたが、このように語用論的知識について言葉で説明することを**メタ語用論的情報の提示**と言います。そして、このように対象の

---

40 指導を受ける前の課題を**事前テスト**、指導を受けた後の課題を**事後テスト**と呼びます。

特徴を認識させやすいように計画されたメタ語用論的情報を与える指導法は、**明示的指導**と呼ばれています。

これに対して、同じように語用論的項目の指導を目的とはしても、学習者自身に考えさせるだけで教師の説明は一切与えない教え方は**暗示的指導**と呼ばれます。例えば、同じ状況設定で行われた学習者自身のロールプレイを録音したものと母語話者のモデル会話とを聴き比べる活動を行っただけなら暗示的指導、それに加えて両者の違いや母語話者の語用論的規範などについて教師が説明をしたのであれば明示的指導ということになります。暗示的指導は学習者自身が考えることにより適切なやり方やその背後にある語用論的規範を見つけていくので**帰納的学習**、明示的指導はそうした情報が教師の説明によって与えられるので**演繹的学習**とも言えます。

暗示的指導を受けた学習者グループと明示的指導を受けた学習者グループを比較した研究の多くは、明示的指導を受けた学習者グループのほうがより習得が促進されるという結果を示していますが、これが「どのように教えるのが効果的なのか」という疑問に対する答えです。つまり、語用論的知識の習得を目標にした授業を行うならば、明示的指導が効果的だということです。

では、明示的指導と暗示的指導の違いは何でしょうか。

第3章　学習者の語用論的能力　81

なぜ明示的指導のほうがより効果が高いのでしょうか。それは、明示的指導では、目標言語の語用論的規範や適切な言語形式がメタ語用論的情報としてはっきりと示されることによって、学習者は自分の母語の語用論的規範との相違[41]や第二言語で行っている自らの語用論的な選択との相違[42]を意識することができるからです。そうした違いを意識化することによって、母語からの語用論的転移を防ぐことができると考えられています（House, 1996）。

　反対に、暗示的指導のように、目標言語と母語の違いに関する肯定証拠が説明なしに示されただけでは、語用論レベルでの意識化は起こりにくいわけです。このことに関しては、英語の依頼表現の指導の効果の研究（Takahashi, 2001）によって、学習者自身の発話と母語話者のモデル会話を比べてその違いに気づく機会を与える指導をしても、教師が説明をしなかった場合には、母語話者のモデル会話で使われていた言語形式と機能の関係に気がつかず、言語

---

41 例えば、「感謝の気持ちを示すために目上の相手をほめることは、自国では問題ないが、上下関係を重視する日本文化では、目上を評価することになるため、失礼な振る舞いと考えられている」と意識することです。

42 例えば、「自分は誘いを断るときにはっきり『行けません』と言っていたが、日本でははっきり断るよりも、理由だけ述べて断りをほのめかすほうが好まれるようだ」と意識することです。

形式と語用論的機能の新たなマッピング（対応付け）をすることができないことが報告されています。

　暗示的指導と明示的指導の違いは、第二言語環境（自然習得環境）において語用論的知識の習得が思うように進まない理由も説明してくれます。第二言語環境の学習者は教室の外で日本人と交流する機会がたくさんあるはずなのに、また、そうした機会に頻繁に語用論的インプット（肯定証拠）に接しているはずなのに、それでも一様に語用論的知識の習得が進むわけでないのは、自然習得環境における学習は主に「暗示的」、「帰納的」学習だからです。

　暗示的指導と明示的指導の効果の違いは、発話の社会的・状況的文脈に関する情報を豊富に含むインプット（肯定証拠）を受け取るだけでは不十分であり、そうしたインプットについて学習者自身が言語形式と機能と発話の社会的・状況的文脈の関係の観点から意識的に分析する経験も必要なことを物語っています。

気づき仮説

　明示的指導の効果が高い理由は、学習者の注意をインプット中の習得の対象に効果的に引きつけているからだと考えられます。こうした考えは、第二言語習得研究の分野で提唱されている**気づき仮説**（Schmidt, 1993, 1995）によって支

持されます。

　気づき仮説とは、「インプットが**インテイク**[43]として取り込まれ、認知処理に利用されるためには、そのインプット中の関連性の高い特徴が気づかれなければならない」というものです。例えば、学習者が「あした学校でテストがあります」という発話を聞いて、「あれっ、『学校にテストがあります』じゃないのかな？『食べます』や『読みます』は『で』だけど、『あります』は『に』のはずでは…」と考えたとすると、発話中の助詞「で」に注意が向けられ、自身の「『あります』の場所は『に』でマークされる」という仮説との違いに気づきが起こったことになります。こうした気づきが習得のきっかけになるというのが気づき仮説の主張です。

　上の例は言語構造（助詞）に関する気づきでしたが、語用論的知識の習得では、言語形式に加えて、発話の社会的・状況的文脈にも注意が向けられ、文脈的な特徴に応じて言語形式が選択されるメカニズムが理解される必要があります（Schmidt, 2001）。つまり、どのような場面で、誰と誰が話している会話で、何が行われているのかといったことと、

---

43 インプット中のある情報を習得のプロセスに寄与するように学習者が処理したものを指します。

発話中に使われている言語形式との関係も含めたより広範
な気づきが起こる必要があるということです。

　明示的指導は、こうした関係について学習者に意識的な
分析を促したり、教師が説明を施したりすることによって、
語用論的特徴に対する学習者の気づきを起こりやすくさせ
る指導法だと言えるでしょう。

アウトプットも重要

　ここまではインプットの与え方を中心に指導の効果を考
えてきましたが、**アウトプット**[44]も重要です。語用論的指
導の効果を検証した研究には、コミュニカティブな運用練
習の機会を与えてアウトプットを行わせることの重要性を
示唆したものも多くあります。

　ここでいう「コミュニカティブな運用練習」とは、会話
の場面、会話参加者の関係、その他の会話に影響する重要
な要因などが詳細に設定された状況で、自己の会話の目的
（意図や相手への配慮）を達成するためにコミュニケーショ
ンを行わせるような運用練習のことです。従来の日本語教
育で行われてきたような、文法項目の定着の総仕上げとし

---

44 メッセージを伝えるために第二言語で発話をしたり、書いたりすること
　を言います。

第3章　学習者の語用論的能力　85

て学習した文法項目を使って学習者が言いたいことを言わせる練習を「コミュニカティブな運用練習」と呼ぶことがありますが、そうしたものとは似て非なるものですので、混同しないように注意してください。

コミュニカティブな運用練習では、実際の社会生活において交わされる会話のように、語用論的な選択をするために必要な情報が豊富に含まれている状況設定でアウトプットが行われます。こうした経験は、教室の外で将来学習者が直面する現実のコミュニケーションの「予行演習」の役割を果たすと考えられています。

教師からのフィードバック

学習者のアウトプットに対して、教師からの**フィードバック**[45] が与えられることも大切です。特に、学習者の誤った語用論的選択が不適切なアウトプットを引き出してしまった場合に、そうしたアウトプットに対する否定証拠を提示することが重要です[46]。

自然習得環境では語用論的な逸脱に対する「それは適切な言い方ではない」という否定証拠が少ないという話をし

---

45 言語産出に対する聞き手の反応のことです。

46 こうしたフィードバックを**訂正フィードバック**と言います。

ましたが、教室で学習者が教師から受けるフィードバック
にはこうした否定証拠の不足を補う役割があります。その
ため、外国語環境で学んでいる学習者は言うに及ばず、第
二言語環境の学習者にとっても、教室内での教師による
フィードバックが有益であることは間違いありません。

アウトプット仮説

　こうしたアウトプットとフィードバックの効果は、第二
言語習得研究の分野で提唱されている**アウトプット仮説**
(Swain, 1993, 1995) にもかなっています。アウトプット仮
説とは、「**理解可能なインプット**だけでは言語習得を促す
には十分ではなく、**理解可能なアウトプット**こそが重要で
ある」というものですが、この主張は学習者自身のアウト
プットには言語習得を促す大切な機能があることを根拠と
しています。

　その一つが、「アウトプットをすることによって、自分
が言いたいことと言えることのギャップ（つまり、自己の
能力の不足）に気づくことができる」という**気づきの機能**
です。例えば、初級レベルの学習者は、相手にとって大き
な負担になるような依頼を実際にしなければならない状況
で発話しようとして、「自分は『〜てください』よりも丁
寧な日本語の依頼の表現を知らない！」ということに気づ

第3章　学習者の語用論的能力　87

くことがあります。

　もう一つの大切な機能が、**仮説検証の機能**です。これは、「アウトプットに対する相手の不理解や否定的なフィードバックによって、自らの**中間言語**[47]の仮説を検証し、修正する機会が得られる」というものです。

　発音や文法の誤りによって聞き手に理解してもらえなかったときには、自分の発話が正しくなかったこと、そうした発話の基になった自己の仮説が間違っていたことに気がつきます。これが**仮説の検証**です。

　しかし、問題が発話の不適切さにあった場合、聞き手は言いたいこと自体は理解できるため聞き返してくれたりはしませんし、「それは失礼な言い方だからやめたほうがよい」といったフィードバックをしてくれることも少ないため、仮説検証の機会がありません。教室における学習者のアウトプットに対して教師がフィードバックを行うことによって、学習者が自己の語用論的知識に関する仮説の検証をする貴重な機会を提供できるのです。

---

47 第二言語習得の過程で学習者の中で形成される、目標言語とも学習者自身の母語とも異なる可変的な言語体系のことを言います（Selinker, 1972）。

三つの疑問への回答

　本章では、語用論や第二言語習得研究の知見を参考にしながら、語用論的知識の習得に関して日本語教師が抱く代表的な疑問に対する答えを考えてきました。以下に、もう一度まとめます。

疑問1：語用論的失敗の原因は何か？

〈回答〉

　語用論的失敗には、構造的知識の不足、語用論的転移、訓練上の転移などの原因が考えられる。習熟度が低い学習者の場合には、構造的知識の不足のため、伝えたい丁寧度を表す表現が使えないことも多い。習熟度が上がり、様々な表現が使いこなせるようになってくると、母語の語用論的知識を転移してしまうことも多くなる。そのため、中上級以上の学習者でも語用論的失敗を犯すことはよくある。また、教師の教え方や教科書の内容が誤った語用論的知識や仮説の原因となることもあるので、注意が必要である。

疑問2：語用論的知識は日本で生活していれば自然に身につくのではないか？

〈回答〉

　日本で生活している学習者は、教室外の自然習得環境で母語話者とコミュニケーションすることで社会的・状況的文脈情報を伴ったインプットにさらされる機会が多い。そのため、こうした機会の乏しい外国語環境の学習者よりも語用論的知識の習得には有利である。

　しかし、自然習得環境ではインプットのコントロールができないため、習得に必要な肯定証拠が入手できない、否定証拠が圧倒的に少ない、語用論的に誤った「肯定証拠」を得ることがあるなど、習得に対する阻害要因も多い。また、学習者の個人差要因も影響するため、日本で生活しているだけで日々のコミュニケーションに必要な語用論的知識が習得できるわけではない。

疑問3：語用論的知識は教室で教えることができるか？
**　　　　何をどのように教えればよいのか？**

〈回答〉

　教室指導によって語用論的知識の習得は促進できる。学習者が、言語形式と機能と社会的・状況的文脈の関係に気づき、理解できるように、発話の語用論的な特徴を分析させ、教師がメタ語用論的情報を提供する明示的指導が有効である。加えて、社会的・状況的文脈を具体的に設定した場面での会話練習でアウトプットをさせ、発話の適切さに関して教師によるフィードバックを与えることも大切である。

第4章
語用論的指導

前章では、語用論や第二言語習得研究の研究成果に基づいて、日本語教師の疑問に答える形で語用論的指導の必要性について説明しました。本章では、いよいよ実際にどのような授業を行えばよいかという話に移ります。

語用論的指導のポイント

　まず、これまでにお話ししてきたことに基づいて、効果的な語用論的指導を行うために留意すべきと思われるポイントを五つ挙げたいと思います（清水, 2016, 2017）。

五つのポイント
1　意図の伝達と相手への配慮のバランスを意識させる
2　言語形式と機能と社会的・状況的文脈の関係に対する効果的な気づきの機会を与える
3　語用論的規範や傾向、発話行為の談話構造や丁寧度の調整の仕方に関する明示的な説明を与える
4　個別具体的な文脈の中でコミュニカティブな運用練習を行う
5　発話の適切さに対するフィードバック（否定証拠）を与える

教室では、これらのポイントを考慮しながら具体的な語用論的指導の方法を考えていくことが必要です。本章では、読者の皆さんが教室で指導する際の参考にしていただくために、上記のポイントを押さえた語用論的指導の案を、具体例を挙げながら紹介していきたいと思います。

　指導案の具体例としては、主に拙著『みがけ！ コミュニケーションスキル 中上級学習者のためのブラッシュアップ日本語会話』（スリーエーネットワーク刊、以降『ブラッシュアップ日本語会話』と呼びます）で採用したアクティビティーを中心に紹介します。この教科書を取り上げる理由は、上記の五つのポイントすべてを考慮して作成された教科書だからです。

　では、始めましょう。

意図の伝達と相手への配慮のバランスを意識させる

　まずは最初のポイントです。

　第2章で、語用論的知識は機能的知識と社会言語学的知識で構成されているというお話をしました。コミュニケーションの目的から考えると、言語形式と機能の対応関係に関する機能的知識は「意図の伝達」に関連する領域であり、社会的・状況的文脈に応じた言葉の運用に関する社会言語学的知識は「対人関係の調整」や「相手への配慮」に関連

第4章　語用論的指導　93

する領域でした。

　この二つのうち、外国語学習者の注意が向きがちなのは意図の伝達です。読者の皆さんも中学生や高校生だった頃のご自身の英語でのコミュニケーションを思い出してみてください。英語で話すときには、「伝えたい内容を英語でどのように言ったらよいか」ばかりを考えてしまい、「どのような言い方をしたら失礼ではないか」という意識はほとんどなかったのではないでしょうか。現在の中学校や高校でも、ALT（外国語指導助手）に英作文をチェックしてもらいたいときに、"Teacher, please read my English." などと言って平気でいる生徒がたくさんいます。これなども「意図の伝達」だけに意識が集中してしまっている証拠です。

　これでは、どれだけ構造的知識が増えても、「相手との良好な関係を確立・維持しながら、自分の意図や考えをきちんと伝えることができる」ようにはなりません。そこで、まずはこうした意識の偏りを修正することから始める必要があります。そのためには、どうしても意図の伝達に意識が向きがちな学習者に対して、発話する文脈に応じて相手への配慮を示すことの重要性も意識させるような指導を考えなければなりません。これは、意図を伝達し機能を遂行する言語形式の選択肢を増やすだけでなく、それらの選択肢の社会的・状況的文脈に合った使い方も同時に学べる指

導法が必要であることを意味しています。

学習項目の選び方

　こうした考えを実践するためには、いわゆる**機能シラバ
ス**[48]をベースにしながら、表現の適切性や配慮の仕方を学
ぶことを学習目標の中心とするという方法が考えられます。
具体的には、発話行為ごとに学習単元を設けた上で、各単
元ではその発話行為を場面や相手に応じて適切な言い方で
遂行する方法を身につけることをゴールとするのです。

　学習項目となる発話行為を選ぶには、実生活での学習者
のニーズを考慮する必要があります。その際には、学習者
の日常生活の会話で頻繁に生じる発話行為の中で、うまく
対処しないと相手との関係に悪影響が及んでしまう可能性
が高いものは何かという基準で考えるとよいと思います。

　参考までに、『ブラッシュアップ日本語会話』では以下
の八つの発話行為を選び、学習単元（ユニット）としてい
ます。

---

48 言語の働き（機能）の側面から学習項目を整理したシラバスです。言語
　の形式のみに焦点を当てる構造シラバスに対する批判から提唱されました。

第4章　語用論的指導　95

```
①  許可を求める
②  依頼する
③  謝罪する
④  誘う
⑤  申し出る
⑥  助言する
⑦  不満を伝える
⑧  ほめる
```

　こうした発話行為は、学習者が自分から行うだけではな
く、相手から言われることもあり得ます。日常生活では、
依頼をするだけでなく、されることもあるし、謝罪するだ
けでなく、される側に回ることもあるわけです。そういう
ときにどう返事をしたらよいかも、併せて指導したいもの
です。そこで、各学習単元は、それぞれの「発話行為をす
るとき」とその「発話行為に応じるとき」の双方のやり方
を学習できるように設計するのがよいと思います。

「適切さ」の指導は難しい

　意図を伝達し機能を遂行する言語形式の選択肢を増やす
ことは、実はそれほど難しいことではありません。中級レ
ベルであれば、これまで文法項目や語彙表現として学習し
てきたものを機能ごとに分類整理しなおして、そこに新た

に学習すべき表現を加えていくことで対応できます。

しかし、その一方で、そうした表現の社会的・状況的文脈に合った使い方を指導するのは、容易ではありません。

適切さには「正解」がない

その理由の一つは、適切さの判断基準は流動的であり、母語話者の間でも個人差があることです。

例えば、目上の相手に何かを薦めるときの表現として、「これ、よろしかったら、お一つ差しあげましょうか」という言い方はできるでしょうか。「『あげる』は恩恵を表す表現なので、目上の人に対して使うのは失礼で、たとえ謙譲語の『差しあげる』に変えても恩恵の意味は消えないから、目上に対しては使うべきではない」というのが大方の日本語教師の意見でしょう。しかし、「まったく問題ない」、「失礼には聞こえない」と考える日本語母語話者もけっこういるのではないかと思います。（試しに周りの人に聞いてみてください。）

また、二つの表現のうちどちらのほうがより丁寧かといった判断も、人によって異なることがあり得ます。例えば、書類の提出をお願いする表現として、「今日中に提出していただきたいのですが……」と「今日中に提出していただけないでしょうか」とでは、どちらがより丁寧な表現だと

第4章 語用論的指導 97

思いますか。全部を言わずに言いさしにする前者のほうがより丁寧だと感じる人もいれば、願望を表す「〜たい」を使わず、代わりに否定表現「ない」と断定を避ける「でしょう」を使った後者のほうがより丁寧だと感じる人もいるのではないでしょうか。

このように、適切さや丁寧さには、文法のように唯一絶対の「正解」がありません。「なぜ『机の上**で**本があります』ではなく『机の上**に**本があります』なのか」、「なぜ『窓を**あいて**おきます』ではなく『窓を**あけて**おきます』なのか」、文法書を見れば「正解」が書いてあるし、説明も容易にできます。しかし、ある特定の発話場面でどの言い方が最も適切なのかを教えることはできませんし、「〜ていただきたいのですが……」と「〜ていただけないでしょうか」のどちらがより丁寧な言い方なのかを教えることも難しいのです。文法のように「これが正解です」という一つの答えを示すことができないのです。

社会的・状況的要因は多く、要因の状態も無限

適切さの指導を困難にしている原因は、他にもあります。それは、発話に関わる社会的・状況的文脈の要因が多岐にわたり、個々の要因の状態も無限にあることです。

例として、【依頼】をする場面を考えてみましょう。依

頼の仕方に影響を与える要因には、依頼をする相手が目上であるか、目下であるか（上下関係）、どのくらい親しい間柄か（親疎関係）、依頼の内容はどの程度相手に負担をかけるか（負担の大きさ）、相手がその依頼を引き受けることが期待されているか（権利義務関係）などが考えられます。他にも、相手が過去に同じ依頼を引き受けているかどうかなども影響してくるかもしれません。

また、そのうちの一つの要因、例えば親疎関係を取り上げてみても、夫婦や恋人のような極めて親しい関係から、親しい友人、たまに会う友人、会えば挨拶を交わす程度のご近所さん、初対面の同僚、たまたま道ですれ違っただけで二度と会うことのない赤の他人まで、あらゆる程度の親疎関係が考えられます。

このように考えると、すべての状況におけるすべての適切な言い方を示すことは不可能であることがわかります。

語用論的知識を習得するための基盤―気づく力

では、どうすればよいのでしょうか。

一つの解決策は、特定の社会的・状況的文脈に適した言葉の使い方を教えることだけを目的とした指導で終わるのではなく、「学習者が独自に語用論的学習を進められる手段の獲得を支援すること」（石原・コーエン, 2015: 192）も目

的とした指導を行うことでしょう。「学習者が独自に語用論的学習を進められる手段」とは、学習者が教室内外で接するインプットを活用して自身で語用論的知識の習得を進めていく基盤となるものです。その根幹となるのは、意図の伝達と相手への配慮のバランスや、言語形式と機能や社会的・状況的文脈との関係に**気づく力**です。

気づきの機会を提供する

この「気づく力」を育てるために必要なのが、二つ目のポイント「言語形式と機能と社会的・状況的文脈の関係に対する効果的な気づきの機会を与える」です。教室活動によって、語用論的な特徴に対して気づきを得る機会を何度も繰り返し作ってあげることが重要です。

気づき仮説のところでお話ししたように、習得のきっかけとなるのは気づきです。そして、語用論的知識の習得のきっかけは、言語形式だけではなく、その形式の機能とその形式が使われている社会的・状況的文脈との関係に気づくことです。そのためには、どのような言い方で発話が行われているかだけでなく、誰と誰がどのような状況で、どのような発話行為をしているのかということにも注意が向けられ、そうした特徴に対して意識が高まった状態になっていなければなりません。

このように考えていくと、学習者の「気づく力」を育てるために教室でやるべきことは、「言語形式と機能と社会的・状況的文脈の関係」に対する学習者の意識を高めるための活動ということになるでしょう。具体的には、「言語形式」と「機能」と「社会的・状況的文脈」という三つの要素を、学習者が自分の言葉で記述する活動が考えられます。こうした活動では、発話に関するメタ語用論的情報を学習者自身に分析させることを通して、彼らを「言語形式と機能と社会的・状況的文脈の関係」に対する意識が高まった状態に導くことができると思われます（Judd, 1999）。

周りの発話行為の観察・分析

そうした活動の例として、学習者自身に身の回りの発話行為の実例を観察・分析させることが挙げられます。【ほめ】の学習を一例とすると、学習者にノートを携帯させて、周りで誰かがほめられている状況に出会ったら、「どのような状況で、誰が誰の、何をほめたのか。何と言ってほめたのか。ほめられた人はどのような返事をしたのか」を記録させるのです（Kasper & Kite, 2002）。これは、人類学者が未知の文化社会に分け入り、フィールド・ノートに気づいたことを記録する行為に似ています。言わば、学習者を「アマチュア人類学者」にしてしまうわけです。そのようにし

第4章　語用論的指導　101

て集められたデータを教室に持ち寄って、学習者同士で比較や分析をさせるのです。

　この方法は、教室の外の日常生活場面でも目標言語が使われている第二言語環境、つまり日本国内で日本語を学んでいる学習者にはうってつけの方法です。しかし、外国語環境ではまったくできないというわけではありません。外国語環境（海外での日本語学習）の場合には、日本語の代わりに、その地域の日常生活で使われている言語を調査すればよいでしょう。目標言語（日本語）の特徴について知ることはできませんが、母語の会話の分析を通しても「言語形式と機能と社会的・状況的文脈の関係」に対する学習者の意識を高めるという目的には十分役に立ちますし、そこから日本語でも同じなのか、それとも違うのかといった関心を引き起こすきっかけとして使うことができます。

意識を高めるためのリスニング活動

「アマチュア人類学者」活動は、学習者の自主性を重んじたタスク活動なので、楽しんでやってもらえるというメリットもあるのですが、発話行為の種類によっては、指定された期間に比較や分析ができるだけの十分なデータが集められずに困ってしまう学習者が出てくることも考えられます[49]。

そのような不確実性を回避する方法の一つとして、社会的・状況的文脈（会話参加者や状況）が異なるいくつかの場面で同じ発話行為（例えば、【謝罪】）が行われている会話を聞き比べて、言語形式と機能と社会的・状況的文脈の関係を考えるリスニング活動が考えられます。

社会的・状況的文脈の提示の仕方

この活動を行う上では、社会的・状況的文脈の提示の仕方に工夫が必要です。前述のように、言語形式の選択に影響を与える社会的・状況的文脈の要因は多岐にわたりますが、すべてを反映させることはできません。そのため、その中から、特に大きな影響があると考えられる2～3の要

49【ほめ】は観察する機会が比較的多いと思いますが、【謝罪】などはなかなか観察できないかもしれません。

第4章　語用論的指導　103

因に絞って、その組み合わせで異なる社会的・状況的文脈を設定するのがよいと思います。

　発話行為の種類にかかわらず共通なものとしては、会話参加者の上下関係と親疎関係が挙げられます。それ以外の重要な要因は発話行為によって異なります。参考までに、『ブラッシュアップ日本語会話』で採用した三つ目の要因は、以下の通りです。

① 許可を 求める	相手が許可を与えることによって被る迷惑の大きさ
② 依頼する	相手が依頼を引き受けることによって感じる負担の大きさ
③ 謝罪する	相手に与えた迷惑の大きさ
④ 誘う	相手が誘いの内容に興味を持っていると知っているかどうか
⑤ 申し出る	相手がその申し出を必要としていると知っているかどうか
⑥ 助言する	相手がその助言を必要としていると知っているかどうか
⑦ 不満を 伝える	不満の原因である事態を修復できるかどうか
⑧ ほめる	（なし）[50]

---

[50] ただし、解説では「ほめる対象」（持ち物、外見、能力・実績、職業・学歴）について触れています。

また、それぞれの社会的・状況的文脈の要因の状態も無限にあり得るという話をしましたが、この活動では「社会的・状況的文脈の違いが発話の言語形式にどのように影響するか」に気づいてもらうことが目的ですので、これを単純化して、次のように相対的な二項対立で提示してもよいのではないかと思います。

上下関係：目上 vs. 対等・目下
親疎関係：親しい vs. 親しくない
迷惑（負担）の大きさ：大きい vs. 大きくない
相手が関心（必要）がある：知っている vs. 知らない
事態を修復できる：できる vs. できない

　これらの要因を組み合わせると、例えば【許可求め】であれば以下のような8通りの社会的・状況的文脈が設定できます。

目上＋親しい＋迷惑大
目上＋親しい＋迷惑小
目上＋親しくない＋迷惑大
目上＋親しくない＋迷惑小
対等・目下＋親しい＋迷惑大
対等・目下＋親しい＋迷惑小
対等・目下＋親しくない＋迷惑大
対等・目下＋親しくない＋迷惑小

これらの組み合わせの中から、いくつかを選んで状況設定と会話内容を考えていけばよいでしょう。

リスニング活動の実践例

　このようにして作成されたリスニングタスクの例として、『ブラッシュアップ日本語会話』のものを紹介します。以下は、「ユニット1　許可を求める」の「セクション1　許可を求める」(p. 2, p. 3) の例です。

会話1

状況：ソヨンは会社員です。ソヨンは上司(じょうし)の鈴木課長に話しかけました。
ソヨン………すみません、来週の金曜日お休みさせていただきたいのですが、よろしいでしょうか。
鈴木…………うーん…。いいけど何かあるの？

会話2

状況：ヨハンは学生です。授業中(じゅぎょうちゅう)、ヨハンは先生に話しかけました。
ヨハン………先生、まぶしいのでカーテンを閉めてもいいですか。
先生…………あっ、いいですよ、どうぞ。

『ブラッシュアップ日本語会話』p. 2

会話3 　トラックNo.3

状況：ウェイとロティスはクラスメイトです。来週の授業で行うグループ発表の準備をしています。ウェイがロティスに話しかけました。
ウェイ………ねぇ、ちょっと飲み物買いに行ってもいい？
ロティス……うん。あっ、じゃあついでに私の分もお願いしていい？

会話4 　トラックNo.4

状況：リーザとえりかは大学生の友達同士です。リーザがえりかに話しかけました。
リーザ………ねぇねぇ、これからえりかのうちに遊びに行っちゃだめかな？
えりか………えーっ、すごく散らかってるから無理！

『ブラッシュアップ日本語会話』p. 3

　『ブラッシュアップ日本語会話』では、各ユニットの最初のタスクとして、社会的・状況的文脈の要因が異なる四つの会話を聞き比べるリスニング活動があります。

　リスニングは2回行います。1回目は、社会的・状況的文脈の要因を理解することだけに集中して聞き取ります。「許可を求める」であれば、会話者の上下関係、親疎関係、許可を求められた相手にかかる迷惑の大きさはどうかを把握するわけです。実際の教科書では、次のようにアイコンが示された表に書き込めるようになっています。

① 短い会話を4つ聞いて、下の表を完成させましょう。まず上下関係を判断し、目上でない場合は親疎関係も選択してください。

	どんな人に許可を求めましたか	どんな許可を求めましたか	迷惑の大きさは？
会話1	or / or		or
会話2	or / or		or
会話3	or / or		or
会話4	or / or		or

『ブラッシュアップ日本語会話』p. 1

　2回目の聞き取りでは、言語形式を聞き取ることに集中し、発話行為を行うために使われた表現を書き取ります。いわゆるディクテーションです。実際の教科書では、次のような表に書き取らせます。

② もう一度4つの会話を聞いて、許可を求める表現を記入しましょう。

	使われている表現
会話1	
会話2	
会話3	
会話4	

『ブラッシュアップ日本語会話』p. 1

　ここまでできたら、二つの表を見て、会話相手との関係と迷惑の大きさによって、使われた表現にどのような違いがあるかを学習者同士で話し合わせます。クラスのサイズが小さければクラス全体で話し合ってもいいですし、学習

者の数が多い場合には適宜グループやペアにして話し合いを行ってから、発表させてもよいでしょう。この話し合いは、中級後半以降であれば日本語でできると思いますが、日本語では十分な意見の交換ができないようなら、媒介語で行ってもかまいません。

　なぜ聞き取った内容についての分析を学習者同士で話し合わせるかというと、分析によって学習者が気づいたことを他の学習者に説明する（言語化する）ことによって、自己が構築した「言語形式と機能と社会的・状況的文脈の関係」についての仮説をはっきりと意識化させることができるからです。また、他の学習者の気づきや自分の気づきに対する他の学習者からのフィードバックを参考にすることによって、自らの気づきによって構築した仮説を検証し、修正する機会を与えることもできます。

　106〜107ページに挙げた四つの会話を聞き比べると、例えば、「目上の人に許可を求めている会話1と会話2では、です・ます体を使っている」、「カーテンを閉める会話2よりも会社を休む会話1のほうが相手の迷惑は大きい」[51]、「会

---

51 「忙しくない会社であれば、それほど迷惑は大きくないのではないか」という疑問を持つ方もいるかもしれません。しかし、ここでは、あくまで会話間の相対的な違いを意識させることが目的なので、そこまで厳密に現実的な複雑さを持ち込む必要はありません。

話1では『すみません』と謝っている」、「会話2では『い
いですか』なのに、会話1では『よろしいでしょうか』と
丁寧に聞いている」など、様々な気づきが生まれると思い
ます。

メタ語用論的情報の提示

　このように気づきの機会を与える活動を繰り返すことに
よって、学習者が会話をする際に「言語形式と機能と社会
的・状況的文脈の関係」を意識する習慣が形成されてくる
はずです。しかし、ここまでの活動で終わってしまったの
では、暗示的指導、帰納的学習の域を出ません。語用論的
知識を着実に定着させるためにはメタ語用論的情報を明示
的に提示する必要があることは、第3章で説明した通りで
す。

　そこで、次に考慮しなければならないのが、三つ目のポ
イント「語用論的規範や傾向、発話行為の談話構造や丁寧
度の調整の仕方に関する明示的な説明を与える」です。言
い換えれば、目標言語の規範に関する文化的根拠や背景、
特定の言語形式の機能や文脈に応じた使い方、発話行為が
遂行される典型的な談話構造や言語形式の丁寧度の調整の
仕方などについて、教師が言葉できちんと解説を行うとい
うことです。

学習者の気づきに対するフィードバック

　ここでは、引き続き『ブラッシュアップ日本語会話』を使った授業を例に、明示的指導の案を説明します。

　教師からの説明（明示的指導）は、まずリスニング活動の話し合いで表明された学習者の気づきや仮説が正しいかどうかのフィードバックや学習者が気づかなかった特徴などを指摘することから始めることになります。106～107ページに掲載された会話例のスクリプトを一緒に読み、発話状況、内容、表現などについて確認しながら、日本文化における語用論的規範や母語話者の言語行動の傾向などについて解説を与えていきます。

明示的指導で気をつけること

　その後で、いよいよ場面に適切な発話行為の仕方を説明していくわけですが、その際に気をつけなければならないことがあります。それは、「こういうときにはこの表現を使ってください」といった、紋切り型の情報提供で済ませてしまわないことです。

　発話行為の仕方を明示的に教えてくださいというと、いくつかの決まり文句を導入して覚えさせる指導になりがちです。決まり文句とは、例えば、依頼であれば「～てください」、「～てもらえますか」、「～てほしいんですけど」な

第4章　語用論的指導　111

ど、謝罪であれば「ごめんなさい」、「すみませんでした」、「申し訳ありません」などです。

また、こうした表現の使い分けについて説明する場合にも、「これは丁寧な表現で、これはくだけた表現です」とか、「こちらはフォーマルな場面で使う表現で、こちらはカジュアルな場面で使う表現です」といった二者択一的な区別を示して終わりということにもなりがちです。

しかし、このような教え方で幾つかの表現を覚えただけでは、学習者が現実社会で遭遇する多様な場面や対人関係に対して、柔軟に対応できるようにはならないでしょう。

多様な場面に対応できるようにするには

では、学習者が場面に応じた柔軟な表現の使い分けができるようになるためには、どのように表現を導入したらよいのでしょうか。

工夫の一つとして、**社会的・状況的文脈の提示の仕方**（103ページ）で紹介したように、社会的・状況的文脈に関する要因を組み合わせることによって、導入する会話場面を設定する方法が考えられます。こうすることで、学習者は、発話行為をするときに使われる表現は「丁寧な／くだけた」、「フォーマルな／カジュアルな」といった単純な基準で選択されるのではなく、様々な社会的・状況的文脈の要因を

考慮して選択されなければならないことが理解でき、そうした要因と言語形式の関係を意識する習慣が身につくようになると思います。

　しかし、このように発話場面の社会的・状況的文脈を「見える化」した上で決まり文句を導入するだけでは、十分とは言えません。普段私たちが依頼をしたり、誘ったり、不満を伝えたりするときには、その行為の効果を伝える決まり文句のような一つの文だけを口にするわけではないからです。次の例を見てください。

例：
ひとみ………みのるくん、電子辞書持ってる？　　　　　　　　前置きする
みのる………うん、持ってるけど。
ひとみ………次の授業、英文学なんだけど忘れちゃったんだ。　理由を言う
　　　　　　もし次の時間使わなかったら、　　　　　　　　　押し付けを弱める
　　　　　　貸してくれない？　　　　　　　　　　　　　　　依頼する
みのる………うん、いいよ。はい、どうぞ。
ひとみ………ありがとう。

『ブラッシュアップ日本語会話』p. 25

　これは【依頼】の会話の例ですが、ひとみの発話の中で依頼を遂行している部分は「貸してくれない？」だけです。しかし、ひとみの発話の他の部分も決して依頼と関係がないわけではありません。それらは、依頼を負担に感じるかもしれないみのるの気持ちに配慮を示し、みのるがひとみの依頼を受け入れやすくする働きをしています。

　このように、発話行為はいくつかの発話の連続、つまり

第4章　語用論的指導　113

談話として行われるのが普通です。そのため、そうした談話の構造（発話行為を遂行する発話の他に、どのような発話（表現）が、どのような順序で使われるのか）を説明することも必要になってきます。

コア発話と補助ストラテジー

　談話の構造を説明する際には、発話行為を遂行している発話部分とそれ以外の部分を分けて説明するとわかりやすいと思います。本書では、発話行為を遂行する発話部分を**コア発話**、それ以外の部分を**補助ストラテジー**[52]と呼ぶことにします。113ページの例では、「貸してくれない？」がコア発話、それ以外の部分が補助ストラテジーになります。

52『ブラッシュアップ日本語会話』では、学習者向けに「ストラテジー」という名称を使っていますが、コア発話を「補助する」役割を明確にするために、本書では「補助ストラテジー」と呼ぶことにします。

内的修正と外的修正

　発話行為の仕方を説明する際に、コア発話と補助ストラテジーを区別して教えたほうがよいという提案には、理論的な根拠があります。それは、私たちが聞き手に配慮を示すために用いる言語的手段には2種類あり、その2種類がそれぞれコア発話と補助ストラテジーに関わるというものです。

　聞き手への配慮を示す一つ目の方法は、コア発話を統語的・語彙的に修正する方法です。コア発話の中で修正が行われるので、専門的には**内的修正**と呼ばれています。「貸してくれない？」を「貸してくれませんか」、さらには「貸してくださいませんか」のように修正して、間接度、丁寧度を上げるやり方です。

　二つ目の方法は、コア発話の前後に補助する発話（これが補助ストラテジーです）を追加するやり方です。コア発話の外側で修正が行われるので、専門的には**外的修正**と呼ばれています。「電子辞書持ってる？」と前置きしたり、「次の授業、英文学なんだけど忘れちゃったんだ」と理由を述べたり、「もし次の時間使わなかったら」と相手の都合が合うことを条件にして押し付けを弱めたりといった様々な働きの補助ストラテジーを加えることで、丁寧度を上げるわけです。

第4章　語用論的指導　115

内的修正の仕方

　では、コア発話の導入の仕方を考えてみましょう。コア発話を導入する際には、その内的修正の方法も同時に説明することになります。こうした指導の目的は、発話行為の効力を持つ文であるコア発話の言語形式を、学習者が自分の伝えたい丁寧度に合わせて自在に調整できるようになることです。

　そのために、まずはまったく修正が加えられていない最もシンプルな形態を導入することから始めるとよいと思います。これを**基本フレーズ**と呼ぶことにします。

　例えば、目上や親しくない人に許可を求めるときの基本フレーズとして、次の三つを紹介します。

「～（さ）せてもらえますか」
「～（し）たいのですが、いいですか」
「～（し）て（も）いいですか」

　次に、これらの基本フレーズをより丁寧にするにはどうしたらよいかを説明します。内的修正の仕方は、いろいろ考えられます。例えば、謙譲語や丁寧語に変えるというのが一つです。「～（さ）せてもらう」の「もらう」を「いただく」に変えるとか、「～（し）てもいい」の「いい」

を「よろしい」に変えたりする方法です。肯定表現を否定
表現に変える方法もあります。文末の「ます」を「ません」
に変えるだけでも丁寧度が上がります。それから、「です」
を断定を避ける「でしょう」に変えても丁寧度が上がりま
す。他にも、「～（し）たい」を使役＋授受表現（～（さ）
せてもらいたい）にするという方法も考えられます。

　許可を求めるコア発話の丁寧度を変えるためにこうした
様々な方法があることを、まず説明するわけです。

修正方法	例
謙譲語や丁寧語に変える	もらう→いただく いい→よろしい
否定表現に変える	ます→ません
断定を避ける表現に変える	です→でしょう
使役＋授受表現に変える	～したい→～させてもらいたい

　次に、こうした修正方法を次々と組み合わせることによっ
て、丁寧度も徐々に上がっていくことを説明します。次は、
基本フレーズ「～（さ）せてもらえますか」の丁寧度を上
げていく修正の一例です。

第4章　語用論的指導　117

```
～（さ）せてもらえますか
          ↓
～（さ）せていただけますか
          ↓
～（さ）せていただけませんか
          ↓
～（さ）せていただけませんでしょうか
```

　このようにいろいろな方法があること、そうした方法を
多く組み合わせた複雑な表現ほどより間接的になり、丁寧
度が上がることを理解してもらいます。その際、上の例の
ように、次々と修正を加えていくことによって、どんどん
丁寧度が上げられることを学習者に「体感」してもらうと
よいと思います。こうした修正の加え方に慣れていること
が、実際に使うときに場面や相手に合わせてコア発話を自
在に修正できることにつながります。

　以上のような導入をした上で、相手との上下関係の差が
大きかったり、よく知らない相手であったりするほど、ま
た、親しい間柄であっても、許可してもらえる可能性が低
いときや相手にかかる迷惑が大きいときには、多くの修正
が加えられたより間接的な表現を使ったほうがよいことを
説明するとよいでしょう。

丸暗記させることの弊害

しかし、上述の方法では修正の組み合わせパターンが膨大なものになってしまって、現実の会話でそのうちのどれを使えばよいのか混乱してしまう学習者も出てくるかもしれません。こうした学習者の便宜のために、内的修正の組み合わせで作ることができる様々な間接度・丁寧度の表現の中から、比較的よく使われると思われるもの、覚えておくと便利なものをいくつか選んで紹介してもよいと思います。これは、「必ずしもこれを使いなさいというものではないけれども、いくつか覚えるのならば、これらを覚えておけば役に立つことが多いですよ」といった表現のリストです。

これを聞いて、「なぁんだ。結局表現を暗記させるのなら、そんな遠回りをせずに、初めからよく使う表現を覚えさせればいいじゃないか」と思った方もいるかもしれません。

しかし、それは違います。内的修正の方法やそれによる丁寧度の変化を理解せずに丸暗記をした表現では、臨機応変に丁寧度を調節することができません。応用力が利かないのです。一方、こうした内的修正の方法やその必要性をきちんと理解することは、場面に応じて自分で創造的に様々な表現を作り出すために必要な道具を得ることにつながります。これが、わざわざ遠回りをする理由です。学習者に

本当のコミュニケーション能力を身につけさせたいのであれば、頻出表現を丸暗記させてはいけないのです。

外的修正の仕方

　コア発話の学習が終わったら、次は外的修正です。外的修正は、コア発話の前後に補助的な発話（補助ストラテジー）を付け加えることによって行います。補助ストラテジーは、相手への配慮を示したり、説得をしたりして、発話行為をスムーズに実現するための方略的な働きをする発話のことです。

　よく使われる補助ストラテジーは、発話行為によって、また社会的・状況的文脈によって、様々であることがわかっています。そのため、まずはそうした補助ストラテジーを類型化し、実際の会話でよく使われるものを選び出す必要があります。

　そして、そのようにして選び出された補助ストラテジーを表現例とともに紹介します。参考までに、『ブラッシュアップ日本語会話』の「ユニット1 許可を求める」と「ユニット4 誘う」で紹介している補助ストラテジーと表現例を挙げておきます。

「許可を求める」の補助ストラテジー

ストラテジー		表現例
前置きする	[記号] + [記号]	ちょっとお願いがあるんですが…。 今、お忙しいですか。
	[記号] + [記号]	ちょっとお願いがあるんだけど…。 今、急いでる？
理由を言う	[記号] + [記号]	窓を開けてもいいですか。ちょっと暑いので。 コピーしたいんですが、この本をお借りしてよろしいでしょうか。
	[記号] + [記号]	ペン借りてもいい？　忘れちゃったんだ。 場所がわからないから、ついて行ってもいいかな？
押し付けを弱める	[記号] + [記号]	(もし) 差しつかえなければ、連絡先を伺ってよろしいでしょうか。 (もし) よろしければ、拝見してもよろしいでしょうか。 (もし) ご迷惑でなければ、ここで待たせていただけませんか。
	[記号] + [記号]	(もし) できたら、一緒に教科書見てもいいかな？ (もし) よかったら、辞書ちょっと借りてもいい？
謝る	[記号] + [記号]	ご迷惑をおかけして申し訳ありません。 申し訳ありませんが、確認させていただけませんか。
	[記号] + [記号]	いつもごめんね。 ごめんね、ちょっと待たせてもらってもいい？
念を押す	[記号] + [記号]	(どうぞ) よろしくお願いします。
	[記号] + [記号]	よろしくー。

『ブラッシュアップ日本語会話』p. 5

第4章　語用論的指導　121

「誘う」の補助ストラテジー

ストラテジー		表現例
前置きする		ゴルフにご興味ありますか／ありませんか。 来月の3日、ご予定ありますか。
		今から空いてる／空いてない／予定ある？ 甘いもの好きだったよね？
説明する		今度、高橋さんの歓迎会をすることになったんです。 今夜、近くで花火大会があるんですよ。
		あしたみんなでボウリングするんだけど、一緒に行かない？ 近くに新しいラーメン屋ができたんだって！
条件を仮定する		（もし）ご都合がよろしければ、いらっしゃいませんか。 （もし）ご興味があれば、ご一緒にいかがですか。
		（もし）空いてたらだけど、あさって来る？ 辛いもの苦手じゃなかったら、一緒にどう？
限定を避ける		次の連休にでも、遊びにいらっしゃいませんか。 課長、今度ゴルフでもいかがですか。
		土曜にでも飲み会しない？ 北海道でも九州でもいいし、夏休みどっか行かない？

『ブラッシュアップ日本語会話』p. 59

　このように、私たちは【許可求め】のときには、《前置きする》、《理由を言う》、《押し付けを弱める》、《謝る》、《念を押す》などの補助ストラテジーを、【誘い】のときには、《前置きする》、《説明する》、《条件を仮定する》、《限定を避ける》などの補助ストラテジーを加えて、発話の調整（外的修正）をしています。しかし、会話全体を「許可を求める会話」、「誘う会話」として提示するだけだと、学習者はこうした会話の構造に気がつくことができません。こうやってコア発話と補助ストラテジーという会話の構成要素に分

解してみて、初めて「許可を求める（誘う）ときの会話は、こんなふうに行われているんだ」と認識できるのです。

補助ストラテジーの組み合わせで談話が作られる

外的修正の場合も、相手に対する配慮を示す必要性が高いとき、例えば、許可を求める場合であれば、許可してもらえる可能性が低いときや相手にかかる迷惑が大きいときほど、多くの補助ストラテジーを組み合わせて使う傾向があることも説明します。

例:

さくら	店長、ちょっとよろしいですか。	**前置きする**
店長	うん、何？	
さくら	実は来月から就職活動をしようと思ってまして…。午前も午後も会社説明会やセミナーに出ようと思っているんです。ほとんど来られなくなってしまうので、できたら	**理由を言う**
		押し付けを弱める
	今月末でやめさせていただいてもよろしいでしょうか。	**許可を求める**
店長	えー。それはちょっと困るなぁ。	
さくら	ご迷惑をおかけして、本当に申し訳ありません。	**謝る**
店長	仕方がないな…。	

『ブラッシュアップ日本語会話』p. 6

これは大学生のさくらがバイト先の店長にアルバイトをやめる許可を求める会話です。勤務中ですから、いきなり店長に向かって「今月末でやめさせてほしい」とは言い出しませんよね。そのようなときに話を切り出すために使う

第4章　語用論的指導　123

補助ストラテジーが《前置きする》です。「ちょっとよろ
しいですか」の他にも、「ちょっとお願いがあるんですが」、
「今、お忙しいですか」などと一言発することによって、
相手の時間を尊重していることを示したり、「これから何
か重要なことを言われるのかな」と相手に心の準備をして
もらうことができます。

　店長が聞いてくれる態度を示した後、さくらは《理由を
言う》という補助ストラテジーから始めています。学習者
の母語によっては、まず結論を述べてからその理由を説明
するという流れが好まれることもあるでしょう。しかし、
日本語では特に相手にかかる迷惑が大きいときなどには、
理由を説明して相手に状況を理解してもらった上で、結論
をコア発話で伝えるという流れが一般的です。

　さくらは理由を述べた後、コア発話によって許可を求め
ますが、コア発話に「できたら」と《押し付けを弱める》
補助ストラテジーを加えています。他にも「よろしければ」、
「ご迷惑でなければ」なども使えますが、これらは「ある
条件に合致していない（できない、よろしくない、迷惑だ）
のなら断ってもらってもかまわない」と伝える表現です。
つまり、相手側に選択権があることを示すことによって押
し付けを弱める働きをしているのです。

　店長が渋ったので、さくらはさらに《謝る》という補助

124

ストラテジーを追加しています。アルバイトをやめるか続けるかを決めるのは働いている側の当然の権利だと考える学習者もいるでしょう。そうした学習者は、この場面で謝る必要性を感じないかもしれません。そうした学習者には、日本文化では謝罪は「自己の責任の有無にかかわらず、相手が迷惑を感じていることを認識している」と伝える行為なので（大谷, 2004）、このような場面では謝罪が期待されることが一般的であることを説明する必要があります。

内的修正と外的修正のコンビネーション

　補助ストラテジーの組み合わせによる談話の流れを見ましたが、次にさくらの使ったコア発話にも注目してみましょう。

　「今月末でやめさせていただいてもよろしいでしょうか」

　この表現の元の形、すなわち基本フレーズは「今月末でやめてもいいですか」です。この基本フレーズの「やめて」を「やめさせてもらう」に変えて、さらに「〜てもらう」を「〜ていただく」に変えています。一方で文末も、「いい」を「よろしい」に変えて、「です」も「でしょう」に変えています。基本フレーズから4段階も丁寧度を上げている

第4章　語用論的指導　125

のです。目上である店長に対して、大きな迷惑がかかるで
あろう許可を求めるわけですから、コア発話においても複
雑な内的修正をしているわけです。

　しかし、内的修正によってコア発話をどれだけ丁寧にし
ても、補助ストラテジーを伴わずに発話したのでは失礼な
言い方になってしまうことに変わりはありません。次の例
を、先ほどの例（123ページ）と比べてみれば一目瞭然ですね。

　　さくら　　　店長、**今月末でやめさせていただいても**
　　　　　　　　よろしいでしょうか。
　　店長　　　はっ？！

　このように、相手に配慮を示しながら言いたいことをしっ
かり伝えるためには、内的修正と外的修正を駆使して、ひ
とかたまりの談話を上手に構築していく能力が要求されま
す。この点を学習者に理解させるためにも、コア発話と補
助ストラテジーに分解して提示するやり方は有効だと思い
ます。

発話行為の仕方の学習の流れ

　以上の学習の流れをまとめると、①コア発話、②補助ス
トラテジー、③両者の組み合わせ方、という順番になりま

す。コア発話については、基本フレーズから始めて、その内的修正の仕方を学び、よく使われる表現を覚えるという流れで学習を進めます。その後で各種の補助ストラテジーを学び、コア発話と補助ストラテジーを組み合わせて発話行為を遂行する談話の構築の仕方を学べば、談話全体の流れを考えながら、相手に配慮を示しつつ、発話の意図をしっかり伝えることができるようになっていくと思います。

発話行為に答えるとき

　日本で生活していると、許可を求めたり、依頼をしたり、不満を伝えたりするばかりではなく、日本人からこうした発話行為をされる側に回ることもあるでしょう。発話行為を自分から行うときには、発話する前に何をどのように言うか考えることができますが、発話行為に答えるときには即座に返答しなければならないため、何をどのように言うかゆっくり考えている時間はありません。そのため、一般的には発話行為を行うときよりも、返答をするときのほうが言語的タスクとしては難しいのです。しかも、依頼をされたり、不満を言われたりしたときには、上手に返答をしないと相手の気分を著しく害してしまう恐れもあります。そうならないように、学習者は発話行為に応答する際の対応の仕方も学習しておく必要があるでしょう。

第4章　語用論的指導　127

発話行為への応答の場合も、言語形式と機能と社会的・状況的文脈の関係を理解するために、まずは異なる場面での会話を比較する活動から始めるとよいと思います。また、応答の場合には、場面の分け方を一工夫して、発話行為に「応じる」、「応じない」、「すぐには答えない」といった返答の内容で分けるのも一案です。

　というのは、私たちが発話行為に応じるときと応じないときでは、言葉の選び方や話し方に明らかな違いがあるからです。依頼をされたり、許可を求められたりしたときにどのように対応するかを考えてみてください。応じる場合と応じない場合では、どちらが返事をするのがより難しいでしょうか。そうです。応じない場合ですよね。なぜなら

ば、「応じない」という返答は、相手が聞きたくない返答だからです。相手はあなたが応じてくれることを期待しているわけですから、その期待に応えられないことを伝える場合には、相手が感じる不快な気持ちを少しでも減らすように配慮する必要がより高くなるのです[53]。

3種類の応答の比較

発話行為に「応じる」返答の特徴は「即答」、「明快」、つまり相手の発話の後に間を空けず、直接的な表現を使って簡潔に返答をすることです。一方、「応じない」返答では、発話の開始が遅れたり、「いやぁ…」、「あのぅ…」などの言い淀みが起こったりします。また、間接的な言い方や「ちょっと」などの緩和表現が頻繁に使われ、複雑で長めの発話になるのが普通です。

『ブラッシュアップ日本語会話』のユニット1「セクション2 許可の求めに答える」から、「許可するとき」と「許可しないとき」の会話例を見てみましょう。

---

53 会話分析という研究分野では、応じるとき、つまり慣習的に好まれる返答の形態は**優先的応答**、一方の応じないとき、つまり好まれない返答の形態は**非優先的応答**と呼ばれています（Sacks, 1987）。

会話1

状況:サラは会社の先輩の小林とお昼を食べています。
　　　小林がサラに話しかけました。

小林……サラちゃん、よかったら、そのティッシュ
　　　　　1枚もらっていい?
サラ……あっ、どうぞ。使ってください。

『ブラッシュアップ日本語会話』p. 10

会話2

状況:ホセは明日、先生と面談の約束があります。先生
　　　がホセに話しかけました。

先生……あしたの面談の約束だけど、4時に変更し
　　　　　てもいいかな?
ホセ……あ、あの、すみません。あしたはその時間し
　　　　　か空いていないんです。

『ブラッシュアップ日本語会話』p. 11

　「許可する」返答である会話1では、サラは「あっ、どうぞ。使ってください」と簡潔な言葉で即答していますが、許可しない返答である会話2では、ホセは「あ、あの」と言い淀んでから、「すみません」と謝罪をし、その後で「あしたはその時間しか空いていないんです」と応じられない理由を述べています。それだけではありません。実は会話2のホセは一言も「許可しない」とは言っていないのです。目上である先生の気分を害さないように、《謝る》、《理由を言う》という補助ストラテジーを組み合わせることによって、許

可できないことをほのめかして伝えようとしているわけです。

　こうした点を比較させることによって、応じるときよりも応じないときの返答のほうが難しいこと、表現や補助ストラテジーが複雑なこと、場合によっては「すぐには答えない」という選択肢もあること、などに気づかせることが大切です。

コミュニカティブな運用練習によるアウトプット

　続いて、四つ目のポイントに進みましょう。三つ目のポイントまではインプットに関するものでしたが、四つ目はアウトプットに関するものです。

　第3章で述べたように、語用論的指導の効果に関する研究によって、コミュニカティブな運用練習を通してアウトプットさせることの重要性が指摘されています。ただし、ここで言う「コミュニカティブな運用練習」というのは、構造シラバスに基づいた従来の指導で使われる「コミュニカティブな運用練習」とは少々性質が違うものなので、注意が必要です。

　言語形式（構造）の学習に重点を置いた指導の一部として行われる「コミュニカティブな運用練習」は、文型練習によって定着させた言語形式を意味のあるコミュニケーションの中で使わせることを目的としています。インフォメーション・ギャップを使った**自由選択練習**や**ロールプレイ**の

ような実際の会話に近い活動が行われますが、そこでは意図伝達の道具として学習した言語形式が使えるようになることが重視されています。

　語用論的指導におけるコミュニカティブな運用練習でもロールプレイが活用されますが、練習の目的はあくまで自己の会話の目的を達成するためにコミュニケーションを行うことです。そして、ここで言う「会話の目的」には、その会話におけるコミュニケーションの二つの目的、すなわち情報伝達と対人関係調整の両方が含まれます。つまり、「相手に配慮しながら言いたいことをしっかり伝える」ことが練習の目的なのです。単に発話の意図を伝達するだけでなく、適切に相手への配慮を示すことも練習しなければいけないということです。

　こうした真の意味での「コミュニカティブな」練習を行うには、会話が行われる場面、会話参加者同士の関係、発話に至る経緯や現在の状況など、発話の内容や言語形式の選択に影響を与える情報をできるだけ具体的に詳しく設定しなければなりません。

　以下は、『ブラッシュアップ日本語会話』のロールカード（「ユニット 2 依頼する」と「ユニット 4 誘う」）の例です。「重要な情報」によってそれぞれの会話参加者が置かれた状況が具体的かつ詳しく設定されているのがわかる

でしょう。

ロールカード 1A

役割: あなたは、初めて東京に来た観光客です。Bは、知らない通行人です。

状況: あなたは今、羽田空港の1階到着ロビーにいます。
Bが目の前を通りました。

依頼する内容: 羽田空港から秋葉原駅までの行き方を教えてもらうこと

重要な情報: あなたは今、羽田空港に着いたところです。
あなたは、東京の交通機関についてよく知りません。
あなたは、秋葉原駅の近くにあるホテルに泊まることになっています。
あなたは、秋葉原で買い物をしたいと思っています。

(1) Bに話しかけて、依頼しましょう。
(2) Bが引き受けなかったり、はっきり答えなかったときは、案内所の場所を聞きましょう。

ロールカード 1B

役割: あなたは、東京に住んでいる会社員です。Aは、知らない通行人です。

状況: あなたは今、羽田空港の1階到着ロビーにいます。
あなたは、Aの目の前を通りました。

重要な情報: あなたは今、とても急いでいます。
あなたは、東京の交通機関についてよく知っていて、秋葉原にも何度も行ったことがあります。
羽田空港から秋葉原に行くには、東京モノレールで浜松町駅まで行き、JR山手線に乗り換えます。
羽田空港の案内所は地下1階にあり、東京の交通案内のパンフレットがあります。

(1) Aの言ったことを聞き、依頼を引き受けるかどうか決めて、返事をしてください。
(2) あなたの返事を聞いてAが言ったことに対して、さらに答えてください。

『ブラッシュアップ日本語会話』p. 167, 168

第4章　語用論的指導　133

ロールカード 2A

役割： あなたは、学生です。Bは、あなたの世界史のクラスの先生です。
状況： 授業の後、Bのところに話しに来ました。
依頼する内容： わかりやすい日本史の本を教えてもらうこと

重要な情報： あなたは、日本史を勉強したくなりました。
あなたは、わかりやすい本を探しています。

（1）Bに話しかけて依頼しましょう。
（2）Bが引き受けなかったり、はっきり答えなかったときは、Bが引き受けてくれるように
説得してください。

ロールカード 2B

役割： あなたは、世界史の先生です。Aは、あなたのクラスの学生です。
状況： 授業の後、Aがあなたのところにやって来ました。

重要な情報： あなたは、日本史についてはよく知りません。
あなたは、図書館での本の探し方を知っています。
あなたは、知り合いに日本史の先生がいます。

（1）Aの言ったことを聞き、依頼を引き受けるかどうか決めて、返事をしてください。
（2）あなたの返事を聞いてAが言ったことに対して、さらに答えてください。

『ブラッシュアップ日本語会話』p. 167, 168

ロールカード 1A

役割: あなたは、会社員です。Bは、あなたの上司です。

状況: あなたは会社にいます。今は昼休みです。

誘う内容: あなたの新居に遊びに来ること

重要な情報: あなたは先月結婚し、新しいマンションに引っ越しました。
Bはあなたの結婚式でお祝いのスピーチをしてくれました。
あなたは、近いうちにBを家に招きたいと思っています。
あなたは、あなたの国の料理を作り、Bに食べてもらいたいと思っています。

（1）Bを誘いましょう。
（2）Bが誘いを断ったり、すぐには答えなかったときは、さらに誘ってください。

ロールカード 1B

役割: あなたは、会社員です。Aは、あなたの部下です。

状況: あなたは、会社にいます。今は昼休みです。

重要な情報: Aは先月結婚し、新しいマンションに引っ越しました。
あなたは、Aの結婚式でお祝いのスピーチをしました。
あなたは今月はとても忙しいです。
あなたは来月以降なら時間があります。

（1）Aの言ったことを聞き、誘いを受けるかどうか決めて、返事をしてください。
（2）あなたの返事を聞いてAが言ったことに対して、さらに答えてください。

『ブラッシュアップ日本語会話』p. 171, 172

ロールカード 2A

役割: あなたは、会社員です。Bは、親しい同僚です。

状況: あなたは、会社にいます。今は会社の昼休みです。

誘う内容: 来週の木曜日、オペラの公演に行くこと

重要な情報: Bはクラシック音楽が好きです。
そのオペラでは、世界的に有名な歌手が主役として出演します。
その歌手の公演は、日本ではもう見られないかもしれません。
そのオペラのチケット代は1枚5万円です。

（1）Bを誘いましょう。
（2）Bが誘いを断ったり、すぐには答えなかったときは、さらに誘ってください。

ロールカード 2B

役割: あなたは、会社員です。Aは、親しい同僚です。

状況: あなたは、会社にいます。今は会社の昼休みです。

重要な情報: あなたは、クラシック音楽が好きです。
あなたは、今、給料日前でお金があまりありません。
あなたは、来週の木曜日は仕事で遅くなるかもしれません。

（1）Aの言ったことを聞き、誘いを受けるかどうか決めて、返事をしてください。
（2）あなたの返事を聞いてAが言ったことに対して、さらに答えてください。

『ブラッシュアップ日本語会話』p. 171, 172

　これくらい詳細かつ具体的に設定しておけば、学習者が、会話の社会的・状況的文脈を意識した上で、「相手に配慮しながら言いたいことをしっかり伝える」練習をすることができると思います。

ロールプレイまでの段階を踏んだ積み上げ

　いくらコミュニカティブな運用練習が大切だからといって、最初からいきなりこのような産出練習をさせてしまっては、戸惑う学習者も多いことでしょう。インプットにおいて、「コア発話」→「補助ストラテジー」→「コア発話と補助ストラテジーの組み合わせ」というように段階を踏んで学習を進めるのであれば、アウトプットの練習もそれぞれの段階ごとに行っていくのが効果的ではないでしょうか。

　この点を考慮して、「コア発話」→「補助ストラテジー」→「コア発話と補助ストラテジーの組み合わせ」という順で学習する『ブラッシュアップ日本語会話』では、ロールプレイに至るまでに、次のようなインプットの段階に応じた3段階の産出練習が行えるようにしています。

---

① 「練習」：コア発話の産出練習（個人ワーク）
② 「まとめの練習」：
　　コア発話＋補助ストラテジーの産出練習（個人ワーク）
③ 「話してみよう」：
　　コア発話と補助ストラテジーを組み合わせた短い会話
　　の練習（ペアワーク）

第4章　語用論的指導　137

まずは、コア発話の内的修正の仕方を学習した後に行う
①「練習」です。この段階では、基本フレーズをどのよう
に修正したら自分が伝えたい丁寧度になるかを考えながら、
コア発話だけを産出する練習を行います。いきなり口頭で
話すのが難しければ、書かせるところから始めてもよいと
思います。以下に、「ユニット2 依頼する」の例を挙げて
おきます。

練習

相手との関係や相手にかける負担の大きさに注意して、依頼する表現を考えましょう。
① あなたは旅行中です。ほかの観光客に写真を撮ってくれるように頼みます。
② あなたはアルバイト中です。上司のことばが聞き取れなかったので、もう一度言ってく
　れるように頼みます。
③ あなたは日本語の授業についていけません。先生に補習をお願いします。

『ブラッシュアップ日本語会話』p. 21

　次は、補助ストラテジーを学習した後に、コア発話と補
助ストラテジーを組み合わせて発話行為を行う②「まとめ
の練習」です。これも、いきなり口頭で話すのが難しいよ
うであれば、書かせてもよいと思います。この「まとめの
練習」までは、相手がいる「会話」ではなく、自分の意図
を場面に適切な言語形式で産出することに重点を置いた練
習になっています。以下に、「ユニット2 依頼する」の例
を挙げておきます。

138

まとめの練習

相手との関係や相手にかける負担の大きさに注意し、依頼する表現と必要なストラテジーを組み合わせて、依頼をしましょう。

① あなたは風邪を引いて会社を休んでしまいました。同僚に電話をして、あなたに今日会いに来る予定のお客さんに代わりに会ってくれるように頼みます。

あなた：

② あなたは日本語で書いた履歴書を日本人の先輩にチェックしてくれるように頼みます。

あなた：

③ あなたは来週の日曜日の朝7時発の飛行機に乗る予定です。ホームステイ先のお父さんに空港まで車で送ってくれるように頼みます。

あなた：

『ブラッシュアップ日本語会話』p. 25

　最後は、③「話してみよう」です。これは、「まとめの練習」までで練習したことを相手がいる会話において実践する練習です。学習者同士がペアとなって、役割と発話行為の内容が設定された状況で短い会話を行います。以下に、「ユニット2 依頼する」の例を挙げておきます。

第4章　語用論的指導　139

■ 話してみよう

1.「くわしく学ぼう」の会話1～3をペアになって、練習しましょう。
2. 次の1～4の場面にもとづいて、短い会話をしましょう。

	役割		依頼の内容
	依頼をする人	依頼をされる人	
1	先生	学生	大きい荷物を運ぶ
2	上司	部下	会議資料を準備する
3	学生と学生（あまり親しくない）		発表の順番を替わる
4	同僚と同僚（親しい）		代わりに出張に行く

『ブラッシュアップ日本語会話』p. 35

　このように、段階を踏んで産出練習を行わせてから、具体的で詳細な状況設定に基づいて長く創造的な会話を行うロールプレイを行わせます。こうした手順を踏むことによって、練習の内容が段階を踏んで徐々に複雑になっていきます。一方向的な産出タスクから相手がいる会話へと課題の難易度が上がっているだけでなく、「短く単純な文」から「長く複雑な会話」へと構造上の複雑さも徐々に上がっていきます。こうした順序で練習をすれば、産出時の認知的な負担が初めのうちは小さく、その後次第に大きくなるように配慮できるため、学習者はストレスをそれほど感じずに練習できるのではないかと思います。

フィードバックは適切さを中心に

　教室で語用論的指導を実践する上での最後のポイントは、フィードバックです。

　アウトプット仮説が主張しているように、学習者が自身の仮説が正しいかどうかを検証するためには、アウトプットに対する聞き手からの否定的なフィードバック、すなわち否定証拠が必要です。しかし、第3章で見たように、教室外の自然習得環境では、学習者の語用論的に不適切な発話に対する母語話者からのフィードバックが少ないこともわかっています。このことは、教室外で母語話者との交流の機会が多いはずの第二言語環境であっても、教室指導において教師からのフィードバックが必須であることを意味しています。

　学習者のアウトプットに対するフィードバックは、「適切さ」を中心に行います。発音や活用の誤りなどの言語形式に関するフィードバックも適宜与える必要はありますが、最も重要なのは「不適切な発話」に対する否定証拠の提供であることを忘れてはいけません。

　運用練習の際には、このことを意識しながら「相手に配慮しながら自分の言いたいことがきちんと伝えられているか」という点に注意して、学習者の発話をチェックしていきます。そして、学習者が選択した表現が適切であるかを

第4章　語用論的指導　141

判定して、適切でない場合にはフィードバックを行います。

　フィードバックを行う際には、「その言い方ではなぜ適切ではないのか」という理由と、「より適切にするにはどのような言い方にしたらよいのか」という例を提示することを欠かさないようにしましょう。教師からのこうしたフィードバックを通して、学習者は自身が構築した仮説の誤りに気づき、それを修正する機会を得ることができます。繰り返しますが、このようなプロセスは教室の外ではなかなか得られないのです。

語用論的指導の流れ（まとめ）

　以上、私が考える語用論的指導の五つのポイントに沿って、教室指導の案を紹介してきました。ここで、この指導案による学習活動の流れをおさらいしたいと思います。

　まず、社会的・状況的文脈要因が異なる場面の会話を聞き比べるリスニング活動を通して、学習者はインプット中の語用論的な情報（言語形式と機能と社会的・状況的文脈の関係）に対する気づきの機会を得ます。次に、クラスメイトとディスカッションをすることによって、自身の気づきや仮説を意識化するとともに、仮説の修正の機会を得ます。仮説というのは、「こういうときに日本語ではこういう言い方をするのだな」という考えのことです。

142

このように、語用論的側面に対する意識が高まっている状態で、言語形式と機能や丁寧さの対応関係、言語形式の調整の仕方や談話の構築の仕方、その背後にある日本文化の語用論的規範などについての明示的な説明を受けることによって学習を進めます。この学習を通して、自らの仮説が正しいのかどうかを再検証して、間違っていることに気づいたら修正をすることができるわけです。

　こうした学習に続いて、学習者は現実のコミュニケーション場面に近い場面設定でコミュニカティブな運用練習を行い、自己の発話の適切さに関するフィードバックを教師から受けます。学習者は自らの仮説に基づいてアウトプットをするわけですが、その評価を教師が行い、フィードバックを与えることによって、自分の仮説が正しいかどうかの検証を再び行い、間違っていた場合には再度修正することができます。こうした仮説の検証作業の繰り返しによって、現実の社会生活で適切に話すための基盤となる語用論的知識を獲得していけると考えています。

　このような学習において、学習者は以下のような一連の認知活動を経験することになります。

第4章　語用論的指導　143

1. インプット中の語用論的情報に対する気づき
2. ディスカッションを通した仮説の意識化・修正
3. 言語形式と機能・丁寧度の対応関係や語用論的規範の学習による仮説の検証・再修正
4. 具体的な文脈情報を伴うコミュニカティブなアウトプットとフィードバックによる仮説の再検証・再修正

　これは第二言語習得研究で示唆されている中間言語の変容の過程とも類似しており、気づき仮説やアウトプット仮説にも則ったものです。ここまで紹介してきた教室活動とまったく同じではなくても、こうした認知活動の機会を提供できるような教室指導を心がければ、学習者の語用論的知識の習得を支援できるのではないかと思います。

学習成果の実例

　最後に、『ブラッシュアップ日本語会話』で学んだ学習者の実際の発話例をご紹介します。146ページの二つの会話は、筆者の勤務校である上智大学の留学生のロールプレイの会話で、次ページの「依頼する」のロールカードに従って行われています。

　A、Bはそれぞれ同じ学生で、2人ともレベルは中級後半です。

ロールカード 1A

役割: あなたは、初めて東京に来た観光客です。Bは、知らない通行人です。

状況: あなたは今、羽田空港の1階到着ロビーにいます。

Bが目の前を通りました。

依頼する内容: 羽田空港から秋葉原駅までの行き方を教えてもらうこと

重要な情報: あなたは今、羽田空港に着いたところです。

あなたは、東京の交通機関についてよく知りません。

あなたは、秋葉原駅の近くにあるホテルに泊まることになっています。

あなたは、秋葉原で買い物をしたいと思っています。

(1) Bに話しかけて、依頼しましょう。

(2) Bが引き受けなかったり、はっきり答えなかったときは、案内所の場所を聞きましょう。

ロールカード 1B

役割: あなたは、東京に住んでいる会社員です。Aは、知らない通行人です。

状況: あなたは今、羽田空港の1階到着ロビーにいます。

あなたは、Aの目の前を通りました。

重要な情報: あなたは今、とても急いでいます。

あなたは、東京の交通機関についてよく知っていて、秋葉原にも何度も行ったことがあります。

羽田空港から秋葉原に行くには、東京モノレールで浜松町駅まで行き、JR山手線に乗り換えます。

羽田空港の案内所は地下1階にあり、東京の交通案内のパンフレットがあります。

(1) Aの言ったことを聞き、依頼を引き受けるかどうか決めて、返事をしてください。

(2) あなたの返事を聞いてAが言ったことに対して、さらに答えてください。

『ブラッシュアップ日本語会話』p. 167, 168

第4章 語用論的指導 145

〈指導前〉

A： すみません、秋葉原に行きたいんですが、行き方を教え
　　てもらえませんか。

B： 忙しいのでパンフレットを見てください。

A： インフォメーションがあるでしょう？

B： はい、地下1階です。

A： そっか。ありがとうございます。

↓

〈指導後〉

A： あのすみません。聞きたいことありますけど、お時間い
　　いですか。

B： あ、はいどうぞ。

A： あ、はい。実は私初めて東京に来た観光客ですが、秋葉
　　原に行きたいのでちょっと行き方教えてもらえませんか。

B： あ、もちろん。その行き方よく知っています。
　　最初に…（行き方の説明部分は省略）
　　大丈夫ですか。

A： ああ、大丈夫です。ありがとうございました。そして、
　　秋葉原の近くのホテルに泊まっていますが、えっと買い
　　物したいのでどっちお薦めのところとかありますか。

B： ごめんなさい。今はちょっと忙しいけど、えっと…羽田
　　空港の案内所は地下1階にあって、そこでパンフレット
　　がもらいます。そこへ行ったらどうですか。

A： はい、大変ありがとうございました。

B： いえ、いいですよ。

〈指導前〉の会話は、「依頼する」のユニットを学習する前、つまり最初に行うリスニング活動すらしていないときに行った会話です。一方、〈指導後〉の会話は、ユニットの学習が終わった直後ではなく、それから数週間後に実施した定期テストの一部として行われたものです。

二つの会話を比較すると、〈指導後〉のほうが明らかに発話が長くなり、伝達される情報量が増えていますし、会話が自然でスムーズに流れているのがわかります。

まず、依頼をする側のAの発話から見てみましょう。実は、Aのコア発話は〈指導前〉も〈指導後〉も「行き方（を）教えてもらえませんか」で、まったく変わっていません。それでも、〈指導後〉の依頼の仕方のほうが丁寧に感じられるのは、授業で学習した《前置きする》（「聞きたいことありますけど、お時間いいですか。」）や《押し付けを弱める》（「ちょっと」）などのストラテジーも加えることによって、相手に対する配慮を示しているからです。また、〈指導前〉の会話に見られた既知情報の確認「でしょう」の誤用やくだけた返答「そっか」のような語用論的に不適切な表現もなくなっています。

依頼に返答するBのほうも、〈指導前〉は「忙しいのでパンフレットを見てください。」と、自分の意図（忙しいことを理由に依頼を断る）を伝えるだけで精一杯だった

のが、〈指導後〉では、忙しいながらも秋葉原までの行き方だけは説明し、「大丈夫ですか」と相手が説明を理解したかどうかの確認までしています。しかし、それ以上の依頼（お薦めのお店の紹介）をされると、《謝る》（「ごめんなさい」）、《理由を言う》（「今はちょっと忙しいけど」）、《代案を提示する》（「羽田空港の案内所は地下1階にあって、そこでパンフレットがもらいます。そこへ行ったらどうですか」）といった複数の補助ストラテジーを組み合わせて、やんわりと断っています（清水・坂田, 2016）。

　このように、語用論的指導を受けた後の会話では、A、Bともに文法上の細かい誤用はあるものの、相手に配慮を示す補助ストラテジーを上手に使って、良好な関係を維持しながらお互いの会話の目的を達成できていることがおわかりいただけたのではないかと思います。

最後に一言

　ここまで、学習者の対面コミュニケーション能力を伸ばすための語用論的指導の一案を紹介してきました。最後に、語用論的指導を実践する上で決して忘れてはならない大切なことをお話しして、本章を終えたいと思います。

　それは、日本語の「適切さ」を教えなければという意識が強くなりすぎて、「郷に入っては郷に従え」と言わんば

かりに、日本人のやり方を強制するような教え方になってはならないということです。語用論的指導の目的は、学習者が目標言語の語用論的な規範に違反することによって、自分の意に反して不適切で失礼な言い方をしないようにすることです（Thomas, 1983）。日本語教師の役割は、学習者が日本語の語用論的な規範や慣習、社会的・状況的文脈に適切な言い方を知らないために不適切な話し方をしてしまい、その結果、社会生活で不利益を被る可能性をできるだけ減らしてあげることであって、決して学習者を日本社会に同化させることではありません。

　語用論的な選択は、学習者自身の社会的・文化的アイデンティティと深く関わっています。それを無視して、日本の文化的価値観を押し付けることがあってはなりません。日本人が適切だと思う話し方やその背後にある日本文化・社会の規範に従うかどうかは、最終的には学習者一人一人の判断に任されるべきものです。私たち日本語教師がなすべきことは、学習者がそうした判断をする上で役に立つ情報を提供し、彼らが自己のアイデンティティを保ちながら、相手を不快にさせずに会話の目的を達成することができるように最善を尽くすことだと思います。

第4章　語用論的指導　149

おわりに

　2013年に『みがけ！ コミュニケーションスキル 中上級学習者のためのブラッシュアップ日本語会話』を上梓して以来、日本全国のいろいろな場所で、地域で日本語を教えている先生方を対象として語用論的指導についての講演をしてきました。そうした折に、「講演の内容がもっと詳しく書かれた本が欲しい」というご要望を何度かお聞きしました。そうしたご要望にお応えするために執筆したのが本書です。

　講演で私が一貫して訴えてきたのは、日本語の対人コミュニケーション能力を伸ばす上での、語用論的知識を習得することの重要性です。「構造的知識と語用論的知識はコミュニケーション能力の両輪だ。どちらが欠けても、コミュニケーションという『車』はまっすぐ走らない。」常にこの言葉を頭の片隅に（いや、真ん中に！）置いて、日本語を教えていただけたらと思っています。

　本書は、教師経験の浅い方、日本語教師になるために勉強中の方、語用論や第二言語習得研究の専門的な内容にはあまり馴染みのない方などにお読みいただくことを想定して、執筆しました。そうした方々が、本書を通して、語用

論的知識を教室で教えなければならない理由をしっかりと理解・納得され、ご自身の教室指導に語用論的指導を取り入れるきっかけになれば、著者としてこれほど嬉しいことはありません。

本書の指導案は、拙著『みがけ！ コミュニケーションスキル 中上級学習者のためのブラッシュアップ日本語会話』を使用したものが中心となってしまいましたが、それは『ブラッシュアップ日本語会話』が本書でご紹介した語用論的指導のポイントをすべて盛り込んだ教科書であるためであって、決して『ブラッシュアップ日本語会話』を宣伝したかったからではありません。

しかし、中級以上の学生を教えている先生方が語用論的指導に取り組んでみようと思われた場合には、まずは『ブラッシュアップ日本語会話』をそのまま使ってみていただくのも一案ではないかと思います。そのうえで、教えている学習者のレベルやニーズ、先生ご自身の指導方針に合わせて、オリジナルの教え方や教室活動をいろいろと考え出していけばよいのではないでしょうか。

実は、私が勤務している上智大学では、なんとドイツ語やコリア語（韓国語）の授業でも、『ブラッシュアップ日本語会話』が使われています。もちろんそのまま使うのではなく、会話や表現はドイツ語やコリア語に変更した教材

としてですが。どうしてそんなことをしているのかというと、学生の対人コミュニケーション能力を育てたくても、語用論的知識の導入やコミュニケーションの対人関係の調整の側面に配慮して作られた教科書がドイツ語やコリア語にはないからだそうです。

　学習者の対人コミュニケーション能力の育成（そのための語用論的能力の育成）は、私たち語学教師の「使命」ですが、教室における語用論的指導の方法の模索はまだ始まったばかりです。私自身も、語用論や第二言語習得研究の最新の研究論文などを読みながら、より効果的な教え方、学び方はないかと日々考えています。日本語を教える教師一人一人の問題意識や実践における試行錯誤の積み重ね、またそこから生まれる気づきや新たな着想が共有されることによって、より効果的な指導方法が生み出されていくのではないかと思います。

　本書を読んで思いついたこと、教室指導で試した結果わかったことなど、読者の皆さまの建設的なご意見やフィードバックをお待ちしています。

2017年11月
清水崇文

おわりに　153

引 用 文 献

石原紀子・コーエン, アンドリュー（2015）『多文化理解の語学教育：語用論的指導への招待』研究社.

大谷麻美（2004）「謝罪と感謝の日・英対照研究－話し手の心理からの考察－」お茶の水女子大学人間文化研究科博士学位論文.

加藤重広（2004）『日本語語用論のしくみ（シリーズ・日本語のしくみを探る6)』研究社.

鎌田修（2009）「ACTFL-OPIにおける"プロフィシェンシー"」鎌田修・山内博之・堤良一（共編）『プロフィシェンシーと日本語教育』（pp. 3-20）ひつじ書房.

国際交流基金（2016）『JF日本語教育スタンダード』（https://jfstandard.jp/pdf/jfs2015_pamphlet_ja.pdf）

坂本正（2009）「第二言語習得研究からの視点」鎌田修・山内博之・堤良一（共編）『プロフィシェンシーと日本語教育』（pp. 21-32）ひつじ書房.

塩澤真季・石司えり・島田徳子（2010）「言語能力の熟達度を表すCan-do記述の分析：JF Can-do作成のためのガイドライン策定に向けて」『国際交流基金日本語教育紀要』6, 23-39.

嶋田和子（2013）「教師教育とプロフィシェンシー――OPIを『教師力アップ』にいかす―」『日本語プロフィシェンシー研究』1, 10-14.

清水崇文（2009）『中間言語語用論概論　第二言語学習者の語用論的能力の使用・習得・教育』スリーエーネットワーク.

清水崇文（2013）『みがけ！ コミュニケーションスキル 中上級学習者のためのブラッシュアップ日本語会話』スリーエーネットワーク.

清水崇文（2015）「談話というレンズを通してACTFL-OPIの評価基準を『批判的に』考える」鎌田修・嶋田和子・堤良一（共編）『談話とプロフィシェンシー――その真の姿の探求と教育実践をめざして―』（pp. 56-81）凡人社.

清水崇文（2016）「コミュニケーションスキルが高まる授業を作る工夫－理論と実践をつないで－」『小出記念日本語教育研究会論文集』24, 102-109.

清水崇文（2017）「語用論研究の知見に基づいたコミュニケーションスキルの指導」

『日本語プロフィシェンシー研究』5, 19-33.

清水崇文・坂田麗子 (2016)「効果的な語用論的指導を考える－中級日本語学習者に対する発話行為の授業実践を例に－」『韓国日本文化学会第51回国際学術大会予稿集』137-142.

鈴木恵理子 (2010)「中国人日本語学習者の断りのストラテジー：中国国内学習者の場合」『東北大学高等教育開発推進センター紀要』5, 73-82.

スリーエーネットワーク (2012)『みんなの日本語 初級I 第2版本冊』スリーエーネットワーク.

スリーエーネットワーク (2013)『みんなの日本語 初級II 第2版本冊』スリーエーネットワーク.

高木佐知子 (2008)「一貫性」林宅男 (編)『談話分析のアプローチ：理論と実践』(pp. 265-268) 研究社.

寺尾留美 (1996)「ほめ言葉への返答スタイル」『日本語学』15, 81-88.

貫井孝典 (2008)「結束性」林宅男 (編)『談話分析のアプローチ：理論と実践』(pp. 167-170) 研究社.

山内博之 (2005)『OPIの考え方に基づいた日本語教授法―話す能力を高めるために―』ひつじ書房.

横田淳子 (1986)「ほめられた時の返答における母国語からの社会言語学的転移」『日本語教育』58, 203-223.

横山杉子 (1993)「日本語における「日本人の日本人に対する断り」と「日本人のアメリカ人に対する断り」の比較―社会言語学のレベルのフォリナートーク―」『日本語教育』81, 141-151.

ロング, ダニエル (1992)「日本語におけるコミュニケーション―日本語におけるフォリナー・トークを中心に―」『日本語学』12, 24-32.

脇山怜・佐野キム, マリー (2000)『「英語モード」で英会話：これがネイティブの発想法』講談社インターナショナル.

Austin, J. L. (1962). *How to do things with words: The William James Lectures delivered at Harvard University in 1955*. Cambridge, MA: Harvard University Press. [坂本百大 (訳) (1978).『言語と行為』大修館書店.]

Bachman, L. F. (1990). *Fundamental considerations in language testing*. Oxford: Oxford University Press. [池田央・大友賢二 (監修) 大友賢二・笠島準一・服部千秋・法月健 (訳) (1997).『言語テスト法の基礎』C.S.L.学習評価研究所.]

Bachman, L. F., & Palmer, A. S. (1996). *Language testing in practice*. Oxford: Oxford University Press. [大友賢二・スラッシャー, ランドルフ (監訳) (2000). 『〈実践〉言語テスト作成法』大修館書店.]

Bardovi-Harlig, K. (1992). Pragmatics as a part of teacher education. *TESOL Journal*, 1, 28-32.

Bardovi-Harlig, K., & Hartford, B. S. (1996). Input in an institutional setting. *Studies in Second Language Acquisition*, 18 (2), 171-188.

Beebe, L. M., Takahashi, T., & Uliss-Weltz, R. (1990). Pragmatic transfer in ESL refusals. In R. C. Scarcella, E. S. Andersen, & S. D. Krashen (Eds.), *Developing communicative competence in a second language* (pp. 55-73). New York: Newbury House.

Bouton, L. F. (1994). Conversational implicature in a second language: Learned slowly when not deliberately taught. *Journal of Pragmatics*, 22 (2), 157-167.

Brown, G., & Yule, G. (1983). *Discourse analysis*. Cambridge: Cambridge University Press.

Brown, P., & Levinson, S. C. (1987). *Politeness: Some universals in language usage*. Cambridge: Cambridge University Press. [田中典子 (監訳) 斉藤早智子・津留崎毅・鶴田庸子・日野壽憲・山下早代子 (訳) (2011). 『ポライトネス 言語使用における、ある普遍現象』研究社.]

Ellis, R. (1992). Learning to communicate in the classroom: A study of two learners' requests. *Studies in Second Language Acquisition*, 14 (1), 1-23.

Hadley, A. O. (2001). *Teaching language in context*. (3rd ed.) Boston, MA: Thomson Heinle.

House, J. (1996). Developing pragmatic fluency in English as a foreign language: Routines and metapragmatic awareness. *Studies in Second Language Acquisition*, 18 (2), 225-252.

Judd, E. (1999). Some issues in the teaching of pragmatic competence. In E. Hinkel (Ed.), *Culture in second language teaching and learning* (pp. 152-166). Cambridge: Cambridge University Press.

Kasper, G., & Kite, Y. (2002). Pragmatics in a college-level EFL curriculum. *Journal of Foreign Language Education and Research* (関西大学外国語教育研究), 3, 53-71.

Kinginger, C., & Farrell, K. (2004) Assessing development of meta-pragmatic awareness in study abroad. *Frontiers: The Interdisciplinary Journal of Study Abroad*, 10, 19-42.

Matsumura, S. (2003). Modeling the relationships among interlanguage pragmatic development, L2 proficiency, and exposure to L2. *Applied Linguistics*, 24 (4), 465-491.

Olshtain, E. (1983). Sociocultural competence and language transfer: The case of apology. In S. M. Gass & L. Selinker (Eds.), *Language transfer in language learning* (pp. 232-249). Rowley, MA: Newbury House.

Robinson, M. A. (1992). Introspective methodology in interlanguage pragmatics research. In G. Kasper (Ed.). *Pragmatics of Japanese as native and target language* (pp. 27-82). Honolulu, HI: Second Language Teaching & Curriculum Center, University of Hawai'i at Mānoa.

Sacks, H. (1987). On the preferences for agreement and contiguity in sequences in conversation. In G. Botton & J. R. E. Lee (Eds.), *Talk and social organization* (pp. 54-69). Clevedon, UK: Multilingual Matters.

Saito, H., & Beecken, M. (1997). An approach to instruction of pragmatic aspects: Implications of pragmatic transfer by American learners of Japanese. *The Modern Language Journal*, 81 (3), 363-377.

Schmidt, R. W. (1993) Consciousness, learning and interlanguage pragmatics. In G. Kasper & S. Blum-Kulka (Eds.), *Interlanguage pragmatics* (pp. 21-42). Oxford: Oxford University Press.

Schmidt, R. W. (1995). Consciousness and foreign language learning: A tutorial on the role of attention and awareness in learning. In R. W. Schmidt (Ed.), *Attention and awareness in foreign language learning* (pp. 1-63). Honolulu, HI: Second Language Teaching and Curriculum Center, University of Hawai'i at Mānoa.

Schmidt, R. W. (2001). Attention. In P. Robinson (Ed.), *Cognition and second language instruction* (pp. 3-32). Cambridge: Cambridge University Press.

Selinker, L. (1972). Interlanguage. *IRAL*, 10, 209-231.

Shimizu, T. (2009). Influence of learning context on L2 pragmatic realization: A comparison between JSL and JFL learners' compliment responses. In Taguchi,

N. (Ed.), *Pragmatic competence* (pp. 167-198). Berlin: Mouton de Gruyter.

Siegal, M. (1994). Looking east: Learning Japanese as a second language in Japan and the interaction of race, gender and social contexts. Unpublished doctoral dissertation, University of California-Berkeley.

Siegal, M. (1995). Individual differences and study abroad: Women learning Japanese in Japan. In B. F. Freed (Ed.), *Second language acquisition in a study abroad context* (pp. 225-244). Amsterdam: Benjamins.

Swain, M. (1993). The output hypothesis: Just speaking and writing aren't enough. *The Canadian Modern Language Review*, 50, 158-164.

Swain, M. (1995). Three functions of output in second language learning. In G. Cook & B. Seidlhofer, (Eds.), *Principle and practice in applied linguistics: Studies in honor of H. G. Widdowson* (pp. 125-144). Cambridge: Cambridge University Press.

Taguchi, N. (2008) The role of learning environment in the development of pragmatic comprehension: A comparison of gains between EFL and ESL learners. *Studies in Second Language Acquisition*, 30 (4), 423-452.

Takahashi, S. (2001). The role of input enhancement in developing pragmatic competence. In K. R. Rose & G. Kasper (Eds.), *Pragmatics in language teaching* (pp. 171-199). Cambridge: Cambridge University Press.

Tateyama, Y., Kasper, G., Mui, L., Tay, H., & Thananart, O. (1997). Explicit and implicit teaching of pragmatic routines. In L. F. Bouton (Ed.), *Pragmatics and language learning*, monograph series vol. 8 (pp. 163-178). Urbana-Champaign, IL: Division of English as an International Language, University of Illinois at Urbana-Champaign.

Thomas, J. (1983). Cross-cultural pragmatic failure. *Applied Linguistics*, 4 (2), 91-112.

索 引

あ

アウトプット ……………… 85
アウトプット仮説 ………… 87
暗示的指導 ………………… 81

い

言いさし表現 ………… 52, 76
言い淀み ………………… 76
一貫性 …………………… 26
意味公式 ………………… 75
意味交渉 ………………… 70
インテイク ……………… 84
インフォメーション・ギャップ
………………………… 7
インプット ……………… 66

え

演繹的学習 ……………… 81

お

横断的研究 ……………… 65
オーディオリンガル・メソッド
………………………… 7

か

外国語環境 ……………… 65
外的修正 ………………… 115
会話の含意 ……………… 77
仮説検証の機能 ………… 88
仮説の検証 ……………… 88
緩和語句 ………………… 76

き

気づき仮説 …………… 83, 84
気づきの機能 …………… 87
気づく力 ………………… 100
機能シラバス …………… 95
帰納的学習 ……………… 81
機能的知識 ……………… 28

索引　159

基本フレーズ……………116
教室習得環境……………67

く

訓練上の転移……………61

け

結束性……………………26
言語知識…………………24
言語的文脈…………………3

こ

コア発話…………………114
構造シラバス………………7
構造的知識……………24, 25
肯定証拠…………………68
個人差……………………77
コミュニカティブ・アプローチ
…………………………6
コミュニケーション能力…1, 6
語用論……………………4
語用論的失敗…………41, 51
語用論的指導…………44, 46
語用論的知識………24, 28, 67

語用論的転移……………55

し

事後テスト………………80
指示………………………27
自然習得環境…………67, 68
事前テスト………………80
実験群……………………79
社会言語学的知識…………28
社会的・状況的文脈
………………3, 33, 103
自由選択練習……………131
縦断的研究………………65
情報伝達…………………35
省略………………………27

す

ストラテジー……………75

せ

接触場面…………………72

160

そ

相互作用 ……………………… 35

た

対人関係調整 ………………… 35
第二言語環境 ………………… 65
対面コミュニケーション …… 2
だ・である体 ………………… 73
談話 …………………… 26, 114

ち

中間言語 ……………………… 88
中間言語語用論 ……………… 47
中途終了文 ……………… 52, 76

て

訂正フィードバック ………… 86
テキストについての知識
……………………………… 25
適切さ …………………… 9, 22
です・ます体 ………………… 73
転移 …………………………… 53

と

統制群 ………………………… 79
取引 …………………………… 35

な

内的修正 …………………… 115

ね

ネガティブ・フェイス ……… 32

は

発話行為 ………………… 30, 127

ひ

否定証拠 ……………………… 70
非優先的応答 ……………… 129

ふ

フィードバック ……………… 86
フェイス ……………………… 31
フォリナートーク …………… 72

索引　161

プロフィシェンシー …………… 10
プロフィシェンシーを重視した
　教育実践 ………………………… 9
文章 ………………………………… 26
文法的知識 ……………………… 25

ほ

母語話者場面 …………………… 72
ポジティブ・フェイス ……… 32
補助ストラテジー ………… 114
ポライトネス ………………… 31

め

明示的指導 ……………………… 81
メタ語用論的情報の提示 …… 80

も

目標言語 ………………………… 44
目標言語共同体 ……………… 58

ゆ

優先的応答 ……………………… 129

り

理解可能なアウトプット …… 87
理解可能なインプット ……… 87

ろ

ロールプレイ ………… 131, 137

A

ACTFL …………………………… 9

C

Can-do …………………………… 12
Can-do に基づく教育実践 …… 12
CEFR ……………………………… 12

J

JF日本語教育スタンダード
　………………………………… 12

O

OPI ………………………………… 9

著者

清水崇文（しみず　たかふみ）

上智大学言語教育研究センター、同大学院言語科学研究科　教授

イリノイ大学大学院東洋言語文化専攻修士課程、ハーバード大学教育学大学院修士課程、ロンドン大学大学院応用言語学専攻博士課程修了。応用言語学博士（Ph. D.）。イリノイ大学、ノースカロライナ州立大学、スタンフォード大学などで日本語教育に従事。『相手を必ず動かす！　英会話のテクニック』（2019年、アルク）、『雑談の正体　ぜんぜん"雑"じゃない、大切なコミュニケーションの話』（2017年、凡人社）、『心を動かす英会話のスキル』（2016年、研究社）、『みがけ！　コミュニケーションスキル　中上級学習者のためのブラッシュアップ日本語会話』（2013年、スリーエーネットワーク）、『中間言語語用論概論　第二言語学習者の語用論的能力の使用・習得・教育』（2009年、スリーエーネットワーク）、『日本語雑談マスター［黄］』（共著、2022年、凡人社）、『日本語雑談マスター［青］』（共著、2021年、凡人社）、『日本語教師のための　日常会話力がグーンとアップする雑談指導のススメ』（共著、2018年、凡人社）、『語用論研究法ガイドブック』（共著、2016年、ひつじ書房）など、多数の著書がある。

イラスト　Creative0株式会社　藤川悠希
装丁・本文デザイン　山田武

コミュニケーション能力を伸ばす授業づくり
－日本語教師のための語用論的指導の手引き－

2018年 3 月 1 日　初版第1刷発行
2022年11月22日　第 2 刷 発 行

著　者　清水崇文
発行者　藤嵜政子
発　行　株式会社スリーエーネットワーク
　　　　〒102-0083　東京都千代田区麹町3丁目4番
　　　　　　　　　　トラスティ麹町ビル2F
　　　　電話　営業　03（5275）2722
　　　　　　　編集　03（5275）2725
　　　　https://www.3anet.co.jp/
印　刷　萩原印刷株式会社

ISBN978-4-88319-767-5　C0081

落丁・乱丁本はお取替えいたします。
本書の全部または一部を無断で複写複製（コピー）することは著作権法上での例外を除き、禁じられています。

語用論の考え方を教室活動に生かす

みがけ！コミュニケーションスキル
中上級学習者のための
ブラッシュアップ
日本語会話

清水崇文●編著

B5判　180ページ＋別冊37ページ
2,420円（税込）
ISBN978-4-88319-655-5

語用論について理解を深める

中間言語語用論概論
第二言語学習者の語用論的
能力の使用・習得・教育

清水崇文●著

A5判　342ページ
2,200円（税込）
ISBN978-4-88319-513-8

日本語学習教材の　スリーエーネットワーク

https://www.3anet.co.jp/
ウェブサイトで新刊や日本語セミナーを紹介しております
営業　TEL:03-5275-2722　　FAX:03-5275-2729